Ensino de Português e Linguística

Teoria e prática

Conselho Acadêmico
Ataliba Teixeira de Castilho
Carlos Eduardo Lins da Silva
Carlos Fico
Jaime Cordeiro
José Luiz Fiorin
Tania Regina de Luca

Proibida a reprodução total ou parcial em qualquer mídia
sem a autorização escrita da editora.
Os infratores estão sujeitos às penas da lei.

A Editora não é responsável pelo conteúdo deste livro.
Os Organizadores e os Autores conhecem os fatos narrados, pelos quais são responsáveis,
assim como se responsabilizam pelos juízos emitidos.

Consulte nosso catálogo completo e últimos lançamentos em **www.editoracontexto.com.br**.

Antônio Suárez Abreu
Ana Carolina Sperança-Criscuolo
(Organizadores)

Ensino de Português e Linguística

Teoria e prática

Copyright © 2016 da Organizadora

Todos os direitos desta edição reservados à
Editora Contexto (Editora Pinsky Ltda.)

Montagem de capa e diagramação
Gustavo S. Vilas Boas

Preparação de textos
Lilian Aquino

Revisão
Daniela Marini Iwamoto

Dados Internacionais de Catalogação na Publicação (CIP)
Vagner Rodolfo CRB-8/9410

E56
Ensino de português e linguística: teoria e prática / Gladis
Massini-Cagliari ... [et al.]; organizado por Antônio Suárez
Abreu e Ana Carolina Sperança-Criscuolo. – São Paulo :
Contexto, 2025.
176 p. : il.

Inclui bibliografia.
ISBN 978-85-7244-963-2

1. Língua portuguesa. 2. Linguística. 3. Alfabetização.
I. Barbosa, Juliana Bertucci. II. Costa, Daniel Soares da.
III. Sperança-Criscuolo, Ana Carolina.
IV. Mendonça, Marina Célia. V. Gregolin, Maria do Rosário.
VI. Witzel, Denise Gabriel. VII. Souza, Aline Pereira de.
VIII. Abreu, Antônio Suárez. IX. Título.

2016-49
CDD 410
CDU 81

Índice para catálogo sistemático:
1. Linguística 410
2. Linguística e línguas 81

2025

EDITORA CONTEXTO
Diretor editorial: *Jaime Pinsky*

Rua Dr. José Elias, 520 – Alto da Lapa
05083-030 – São Paulo – SP
PABX: (11) 3832 5838
contato@editoracontexto.com.br
www.editoracontexto.com.br

Sumário

APRESENTAÇÃO 7

BRINCANDO COM OS SONS DA LÍNGUA:
EXPLORANDO OS NÍVEIS FONÉTICO E FONOLÓGICO 15
Gladis Massini-Cagliari

MEU ALUNO ESCREVE "PEXE"!
CONTRIBUIÇÕES DA FONOLOGIA PARA ENTENDER DESVIOS DE ESCRITA 33
Juliana Bertucci Barbosa

MORFO(LÓGICA): FLEXÃO NOMINAL 49
Daniel Soares da Costa

É POSSÍVEL ENSINAR SINTAXE A PARTIR DE TEXTOS?
O ESTUDO DO PERÍODO COMPOSTO 73
Ana Carolina Sperança-Criscuolo

ASPECTOS SEMÂNTICOS, PRAGMÁTICOS
E DISCURSIVOS DA LEITURA DE PIADAS 97
Marina Célia Mendonça

ANÁLISE DO DISCURSO VERBO-VISUAL DO FACEBOOK 119
Maria do Rosário Gregolin e Denise Gabriel Witzel

METÁFORAS, METONÍMIAS E PARÁBOLAS
NA CONSTRUÇÃO DO SENTIDO E NA PRODUÇÃO TEXTUAL 135
Aline Pereira de Souza

COMO INTERPRETAR CRIATIVAMENTE UMA PROPOSTA DE REDAÇÃO 157
Antônio Suárez Abreu

CONSIDERAÇÕES FINAIS 171

OS AUTORES 173

Apresentação

O ensino de Língua Portuguesa no Brasil tem sido um assunto bastante discutido nas últimas quatro décadas. Embora atualmente não se caracterize uma área inovadora de pesquisa, podemos dizer que constitui campo fértil para inúmeras investigações acerca dos fenômenos da língua/linguagem, propriamente, e sobre abordagens didático-pedagógicas no ensino e aprendizagem da língua materna. Os avanços da Linguística, especialmente a partir da segunda metade do século XX, permitiram ver a língua como um fenômeno social, cujo funcionamento depende também de fatores extralinguísticos, tais como o contexto de interação, os falantes, o contexto sócio-histórico-cultural, entre outros. Essa nova concepção de língua e de linguagem trouxe um grande enriquecimento tanto para sua descrição, em contexto teórico-epistemológico, quanto para sua abordagem didática, em contexto pedagógico.

Retomando um pouco da história do ensino de Língua Portuguesa no Brasil, verifica-se, até a década de 1980, o foco na identificação dos elementos linguísticos e sua classificação; ensinar língua era, basicamente, ensinar gramática, em sua acepção tradicional, normativa (cujo modelo é a língua escrita padrão). Podemos dizer que essa abordagem é resultante da própria constituição da disciplina gramatical, desde os gregos, que tinham como procedimento de pesquisa a identificação, a descrição dos elementos linguísticos e sua classificação. Uma vez que as gramáticas tradicionais se originaram desses estudos (e se tornaram o primeiro material de apoio ao ensino), o mesmo procedimento utilizado nas investigações sobre a língua passou a ser utilizado em seu ensino, o que explica a presença de tal abordagem em sala de aula.

A partir da década de 1980, o desenvolvimento da Linguística moderna começa a ter reflexos no ensino, e muitos pesquisadores passam a se preocupar com

8 Ensino de Português e Linguística

a abordagem da língua em sala de aula. Questiona-se o ensino da língua focado na estrutura dos constituintes oracionais (em que a finalidade é a identificação e classificação desses elementos) e propõe-se uma abordagem do texto em sala de aula. Esse momento constitui um marco no que diz respeito ao reconhecimento da necessidade de mudança no ensino da Língua Portuguesa, em que o texto se torna objeto de ensino, com foco nas atividades de leitura e redação. Ampliou-se, de fato, o objeto de ensino da língua (de sentenças para textos), mas o trabalho ainda tinha por base uma concepção de língua a partir de modelos canônicos (estrutura, composição, vocabulário e outros aspectos de tipos textuais específicos, de contextos mais formais), e as atividades de análise linguística ainda eram feitas como antes. O que mudou é que, em vez de se criarem sentenças, elas agora eram retiradas de textos, mas continuavam a ser analisadas da mesma forma, com foco em sua estrutura interna.

Na década de 1990, é possível dizer que as contribuições da Linguística para o ensino são efetivamente "oficializadas" com a publicação dos Parâmetros Curriculares Nacionais (PCNs). Entram em questão a noção de gêneros textuais e o trabalho com a diversidade de gêneros e contextos de uso da língua, e a proposta de ensino contextualizado de gramática (em detrimento das análises e classificações formais dos constituintes oracionais). Segundo os documentos oficiais (Brasil, 1997, 1998, 2000), o objetivo do ensino de Língua Portuguesa deve ser o desenvolvimento das capacidades comunicativas dos alunos, em diversos contextos (formais ou informais; orais ou escritos). Embora não seja o que dizem tais documentos, houve um entendimento de que não se deveria ensinar gramática, passando-se de um extremo ao outro: do ensino da gramática ao trabalho com leitura e produção textual, como se fosse possível separá-los ao se considerar a língua um instrumento de comunicação. É importante destacar que a concepção de gramática, comum até então, era a de gramática normativa. Nesse sentido, certamente é uma visão muito restrita acerca do funcionamento da língua, não condizente com os objetivos propostos pelos PCNs para o ensino de Língua Portuguesa. No entanto, o conceito mais abrangente de gramática como um conjunto de regras sensíveis ao contexto que rege a organização dos elementos linguísticos – conceito a que nos referimos ao afirmar não ser possível separar texto e gramática – ainda não fazia parte do repertório de muitos docentes, o que se configurou uma lacuna no que diz respeito ao ensino dessa disciplina.

Embora muito se tenha evoluído no que diz respeito ao ensino de Língua Portuguesa, em geral (o que se comprova pelo trabalho com gêneros textuais diversos, com textos autênticos, com a oralidade...), ainda se verificam dificuldades e dúvidas sobre como observar o funcionamento da língua – e ensinar sua gramática – de forma contextualizada. Ainda hoje, muitos materiais didáticos que servem de apoio ao ensino, por exemplo, afirmam possuir uma abordagem dinâmica da língua, mas, ao analisarmos as discussões e exercícios propostos, verificamos grande semelhança à abordagem tradicional; muitos professores, ainda que conhecedores das teorias que embasam uma abordagem mais funcional e comunicativa da língua, sentem dificuldades em aplicar o conhecimento teórico em suas aulas.

Atualmente, muitos pesquisadores brasileiros dedicam-se ao estudo do português, discutindo aspectos relacionados ao ensino sob perspectivas diversas, o que demonstra a importância de trabalhos nesse contexto. Neste livro, são reunidos trabalhos de pesquisadores que atuam em diferentes domínios da Linguística, descrevendo e analisando aspectos do funcionamento da língua em seus diversos níveis: fonética, fonologia, morfologia, sintaxe, semântica, pragmática, discurso, leitura e produção de textos.

Sem dúvida alguma, todos esses níveis interagem no uso da língua, cada qual participando de forma diferente em cada contexto, a fim de manifestar as intenções dos usuários. A divisão que se propõe neste livro tem apenas fundamento metodológico, a fim de se focalizar, em cada capítulo, algum elemento de cada nível de organização da língua. Contudo, ressaltamos, isso não significa que a língua em uso deva ser encarada como passível de segmentação.

Todos os capítulos seguem uma mesma linha de raciocínio: a problematização de um tópico gramatical, com associação ao seu ensino; uma discussão teórica dentro da linha de pesquisa de cada autor e sugestões para a prática docente. Ao final de cada capítulo é apresentado um plano de aula para o ensino do conteúdo discutido, a fim concretizar as sugestões feitas, de forma que um professor possa aplicá-lo em sala de aula. Obviamente, não se trata de uma "receita pronta", mesmo porque cada turma é única e tem demandas específicas, mas esperamos que cada proposta de aula sirva, de maneira concreta, como um possível direcionamento, como ponto de partida para o professor colocar em prática um trabalho mais significativo com a língua em sala de aula.

No primeiro capítulo, "Brincando com os sons da língua: explorando os níveis fonético e fonológico", Gladis Massini-Cagliari faz uma reflexão sobre a importância do trabalho com a dimensão sonora da língua, tradicionalmente negligenciada nas salas de aula de Língua Portuguesa no Brasil. Segundo a autora, apenas em raríssimas oportunidades, e geralmente em aulas de Literatura (nunca de Gramática ou de Língua Portuguesa), aspectos sonoros são focalizados. Levando em consideração nosso contexto escolar atual de completa ausência de trabalho pedagógico com os níveis fonético e fonológico da língua, esse capítulo busca sugerir algumas atividades escolares, tratando dos sons das línguas e da sua relação com a constituição da textualidade, ou seja, da maneira como a organização dos sons pode contribuir para a tessitura da coesão textual e, a partir daí, para a construção dos sentidos, colaborando para a sua coerência. Além disso, trata de aspectos fonoestilísticos, mostrando como a dimensão sonora pode ser explorada com finalidades expressivas e artísticas. Nessa discussão, o suporte sonoro da linguagem é tomado tanto no nível fonético (em que os sons são analisados a partir de sua "concretude", ou seja, da forma como são efetivamente realizados) quanto fonológico (a partir da sua organização mais abstrata no sistema da língua).

No segundo capítulo, "Meu aluno escreve "pexe"! Contribuições da Fonologia para compreender desvios de escrita", Juliana Bertucci Barbosa discute a intrínseca relação entre variação, Fonologia e ensino de Língua Portuguesa, apresentando algumas das importantes contribuições que a Linguística pode oferecer ao alfabetizador no processo de aquisição da escrita. Entre elas, o conhecimento sobre alguns processos fonético-fonológicos já pesquisados no português brasileiro e que estão presentes na escrita de alunos, como os fenômenos da monotongação e ditongação. Destaca-se, ainda, a necessidade de o alfabetizador estar preparado para respeitar as variantes regionais e sociais, as marcas estilísticas e de identidades sociais no discurso do aluno, tendo em vista que ele utiliza a sua fala como parâmetro para a atividade de escrita. Nesse contexto, é comum a presença dos processos fonológicos em suas produções. A partir dos dados analisados (cartazes e placas) e das reflexões teóricas que norteiam esse capítulo, é possível afirmar, segundo a autora, que as interferências da fala na escrita são uma constante nos textos escritos. Suas reflexões apontam, ainda, para a necessidade de o professor-alfabetizador conhecer mais profundamente o funcionamento da língua no nível fonético-fonológico e sua manifestação na escrita.

No terceiro capítulo, "Morfo(lógica): flexão nominal", Daniel Soares da Costa apresenta uma proposta de abordagem do processo de flexão nominal para alunos do ensino médio. Observando esse tema em gramáticas tradicionais e livros didáticos, percebe-se que o conteúdo é apresentado de maneira confusa ou, simplesmente, conceitos importantes para a compreensão do mecanismo flexional da língua ficam sem uma explicação mais convincente. Segundo o autor, é comum encontrarmos gramáticas ou livros didáticos que apenas dizem que o plural da palavra "leão" é "leões", que o de "fácil" é "fáceis" e que o feminino de "valentão" é "valentona"; no entanto, sequer são mencionados os processos (morfológicos e fonológicos) que estão envolvidos na flexão dessas palavras. O resultado dessa abordagem é um processo de "decoreba", sem assimilação de conteúdo e sem reflexão sobre o funcionamento da própria língua. Analisando diversos manuais de Morfologia, obras consagradas de descrição estruturalista do português, e gramáticas descritivas, o autor discute os conceitos de morfema, morfe e alomorfe, e apresenta um quadro descritivo da flexão nominal, no intuito de buscar uma abordagem mais adequada e compreensível em sala de aula.

No quarto capítulo, "É possível ensinar sintaxe a partir de textos? O estudo do período composto", Ana Carolina Sperança-Criscuolo traz sugestões para o ensino contextualizado do período composto, com foco em aspectos argumentativos codificados na sintaxe de um enunciado. A autora parte de uma reflexão acerca da abordagem das orações coordenadas e subordinadas em gramáticas tradicionais e livros didáticos, a fim de problematizar o ensino desse conteúdo gramatical, geralmente limitado à identificação e classificação das orações. Assumindo-se a língua como instrumento de interação entre os falantes, a sintaxe é considerada eixo da textualidade, uma vez que possibilita a tessitura do texto, e está associada a fatores de natureza cognitiva e social. Com base em uma abordagem funciona-lista-cognitivista da língua, são analisadas ocorrências das orações em diversos gêneros textuais, discutindo-se o funcionamento da sintaxe no arranjo argumentativo de um texto. A seleção dos elementos lexicais e das estruturas sintáticas revela aspectos da intenção comunicativa do falante, o que torna imprescindível o estudo das orações junto aos valores semânticos, pragmáticos e discursivos que se manifestam nos diversos contextos de uso da língua.

No quinto capítulo, "Aspectos semânticos, pragmáticos e discursivos da leitura de piadas", Marina Célia Mendonça mostra a importância de aspectos semânticos e pragmáticos para a compreensão textual, colocando em discussão a problemática do ensino/aprendizagem de gêneros do discurso, em especial no que diz respeito à formação do leitor. A presença dos gêneros nas relações de ensino/aprendizagem de língua portuguesa tem sido objeto de discussões acadêmicas e propostas pedagógicas há décadas no país. A quantidade de trabalhos resultantes dessas polêmicas reflete não somente a importância da questão na escola brasileira contemporânea, mas também a força dos pressupostos em que se sustenta, dentre eles, a ideia de que o texto deve ser o centro das atividades de ensino. Nesse sentido, a autora apresenta uma reflexão sobre a produtividade desse pressuposto à luz das pesquisas sobre os gêneros do discurso, segundo a perspectiva teórica bakhtiniana. Sua proposta é mostrar a importância de aspectos estilísticos de determinados gêneros do discurso (entre eles, piadas) para o sentido dos textos. Alguns fatos semânticos analisados nos textos são a ambiguidade e a polissemia – essas, típicas do gênero do discurso piada, mostram-se relevantes não somente para a compreensão do conteúdo do texto, mas também elucidam aspectos pragmáticos sobre seu funcionamento na interação social e na sociedade.

No sexto capítulo, "Análise do discurso verbo-visual do Facebook", Maria do Rosário Gregolin e Denise Gabriel Witzel discutem o conceito de "imagem" como acontecimento e, portanto, como prática histórica, a partir de estudos de Foucault. Isso implica considerar, no processo de descrição/leitura, (i) as condições de existência que determinam a materialidade própria do enunciado-imagem, e (ii) o fato de que, como todo acontecimento, o enunciado-imagem é único, mas possui uma materialidade repetível e um campo associado. O intuito das autoras, nesse capítulo, é apresentar uma reflexão sobre a aplicabilidade dessa concepção nas práticas de leitura de textos verbo-visuais no ensino da Língua Portuguesa. Parte-se do princípio de que há um incessante empenho dos professores em melhorar a qualidade do trabalho com a linguagem em sala de aula e de que, nesse processo, o ensino da leitura continua sendo uma grande preocupação. Em se tratando da leitura de textos sincréticos, fortemente presentes nas discursividades do Facebook, essa preocupação aumenta, na medida em que esse espaço está longe de ser unicamente uma ferramenta de disseminação de informações, opiniões, fotografias, músicas, emoticons, vídeos etc. Uma leitura para além das palavras e das imagens contribui na formação de sujeitos capazes de analisar criticamente o cotidiano dos ambientes virtuais, relacionando acontecimentos e memórias, de modo a conseguirem interagir mais coerentemente tanto online quanto offline. Assim, para que os alunos da educação básica possam entrar competentemente no "jogo de imagens" do Facebook, as autoras propõem uma discussão teórico-analítica, visando a orientar, sob a ótica discursiva, as práticas pedagógicas de ensino da leitura.

No sétimo capítulo, "Metáforas, metonímias e parábolas na construção do sentido e na produção textual", Aline Pereira de Souza traz ao professor de Língua Portuguesa uma reflexão a respeito da interpretação textual, a partir de metáforas, metonímias e parábolas presentes nas crônicas de Martha Medeiros, sugerindo uma proposta de trabalho com literatura contemporânea em sala de aula. Tanto a metáfora quanto a metonímia são consideradas, tradicionalmente, figuras de linguagem, que por muito tempo foram tratadas somente como recursos de estilo. O propósito da autora é apresentar outra visão desses conceitos, sob uma perspectiva cognitivista, como elementos cotidianos no uso da linguagem, uma vez que contribuem tanto para o processo de compreensão quanto o de produção textual. As parábolas, pequenas histórias presentes nos textos, também são discutidas e apresentadas como ferramentas para facilitar a compreensão do leitor e intensificar a argumentação. Tratando do ensino-aprendizagem de língua a partir de uma perspectiva textual, é importante que o aluno seja capaz de identificar esses processos e entender os efeitos de sentido que produzem, podendo, inclusive, aproveitar essas estratégias na produção de seus próprios textos, a fim de deixá-los mais claros e interessantes.

No oitavo capítulo, "Como interpretar criativamente uma proposta de redação", Antônio Suárez Abreu apresenta uma discussão sobre os conceitos de "criatividade" e "estilo" como critérios para a elaboração de textos argumentativos, no contexto do vestibular. Partindo da noção de categorização como essencial à atividade criativa, o autor analisa diversos textos, entre eles a proposta de redação da Fuvest de 2015, demonstrando de que maneira o professor pode trabalhar em sala de aula de forma a contribuir para que os alunos sejam criativos e consigam escrever textos com arte e estilo. Destaca-se, nesse capítulo, a importância da leitura para a formação de um repertório que permita ao aluno estabelecer relações entre conceitos, conhecimentos e a cultura. Obviamente, essas relações não se limitam ao contexto do vestibular, mas não se pode ignorar esse desafio por que grande parte dos alunos passa para ingressar no ensino superior.

Esperamos, com este livro, mostrar que as pesquisas realizadas na universidade não estão tão distantes da prática da sala de aula, como muitas vezes se sugere. Há que se reconhecer, sim, a necessidade de maior interação entre os contextos acadêmico e escolar, e acreditamos que esta obra, dedicada especialmente a professores do ensino fundamental e médio, vem ao encontro dessa realidade.

Os organizadores

Brincando com os sons da língua: explorando os níveis fonético e fonológico

Gladis Massini-Cagliari

A dimensão sonora da língua vem sendo tradicionalmente negligenciada nas salas de aula de Língua Portuguesa no Brasil. Apenas em raríssimas oportunidades, e geralmente em aulas de Literatura (nunca de Gramática ou de Língua Portuguesa), aspectos sonoros são focalizados. Levando em consideração nosso contexto escolar atual de completa ausência de trabalho pedagógico com os níveis fonético e fonológico da língua, buscamos contribuir para sugerir algumas atividades escolares, tratando dos sons das línguas e da sua relação com a constituição da textualidade, ou seja, da maneira como a organização dos sons pode contribuir para a tessitura da coesão textual e, a partir daí, para a construção dos sentidos, colaborando para a sua coerência. Além disso, tratamos de aspectos fonoestilísticos, mostrando como a dimensão sonora pode ser explorada com finalidades expressivas e artísticas. Assim, nosso objetivo neste capítulo é mostrar como alguns elementos sonoros, especialmente prosódicos, mas também segmentais, são usados para construir e dar brilho a um texto. Para a presente discussão, o suporte sonoro da linguagem será tomado tanto no nível fonético (em que os sons são analisados a partir de sua "concretude", ou seja, da forma como são efetivamente realizados) quanto fonológico (a partir da sua organização mais abstrata no sistema da língua).

Explorando os sons da língua de forma lúdica

Uma das atividades que costuma estar completamente ausente da vida escolar no que se refere às aulas de Língua Portuguesa é o trabalho de sistematização dos sons da fala. As razões para esse fato podem residir tanto no desconhecimento, por parte do professor, do sistema de vogais e consoantes do português,[1] como na crença de que um trabalho dessa natureza pode ser maçante para os alunos e para o próprio professor. Entretanto, tudo depende de como os fatos sonoros da língua são abordados em sala de aula. A escolha do texto certo para análise pode tornar lúdico mesmo o assunto mais complexo. Um exemplo disso é a tirinha em (1), a seguir, que explora estilisticamente o sistema vocálico do português brasileiro, demonstrando a partir do par mínimo *abono/abano* o princípio da oposição fonológica. Um par mínimo é um par de palavras (ou morfemas) "que têm um ambiente comum (ou seja, um conjunto de sons iguais) e uma diferença, representada pela troca de um único som (ou propriedade fonética) por outro, em um mesmo lugar da cadeia de fala" (Cagliari, 2002: 34). Um par mínimo tanto pode identificar uma relação de oposição, quando a troca de um segmento pelo outro provoca uma mudança de significado (ou seja, a alteração do significante acarreta uma alteração do significado, como em ['katu]/['gatu], em que a troca de [k] por [g] altera o significado de "1ª pessoa do singular do presente do indicativo do verbo *catar – cato*" para "animal felino do sexo masculino – *gato*"), quanto pode indicar uma variação (como no par mínimo ['kahta]/'kaɾta], em que a troca de [h] por [ɾ] não provoca uma mudança no significado, já que ambas as pronúncias se referem à mesma palavra – *carta*).

(1)

Queridos Vizinhos - Lucas Lima

www.lucaslima.com

A tirinha de Lucas Lima[2] demonstra como podem ser aprendidos os sons vocálicos distintivos no português, através da troca de *o* por *a*, em *ab_no*. A partir desse mote, o professor pode pegar um atalho, já nas séries iniciais, para o trabalho mais sistematizado com o sistema vocálico do português, explorando pares mínimos do tipo:

(2) vela   ['vɛla]
    vê-la   ['vela]
    vala   ['vala]
    vila   ['vila]

    suco   ['suku]
    soco (subst.)   ['soku]
    soco (verbo)   ['sɔku]

A exploração lúdica do aproveitamento estilístico (no sentido de artístico) dos sons da fala, tanto no nível segmental como em termos de prosódia, pode se constituir em um riquíssimo recurso de sedução dos alunos ao estudo da língua, adentrando-os a um mundo fantástico, mas quase inexplorado, do ponto de vista didático, embora indispensavelmente presente no nosso dia a dia de usuários da língua. Há uns poucos recursos de ordem estilística que exploram o nível sonoro da língua, que costumam figurar em nossas gramáticas tradicionais (no capítulo referente a figuras de estilo) ou que aparecem nas aulas de Literatura que focalizam textos poéticos, que às vezes são trabalhados muito de passagem em aulas de Língua Portuguesa.

Um dos poucos recursos estilísticos que costuma ser trabalhado em sala de aula e que opera no nível sonoro é a onomatopeia.[3] Nesse caso, há uma tentativa de representação icônica dos sons do mundo exterior à fala, transportando-os para dentro do mundo textual. Observemos, a esse respeito, o refrão da canção "O carimbador maluco", de Raul Seixas, em (3):[4]

(3) Plunct Plact Zum
    Não vai a lugar nenhum!!
    Plunct Plact Zum
    Não vai a lugar nenhum!!

O refrão em (3) refere-se a uma nave espacial, cujo nome é Plunct Plact Zum. Ao utilizar as onomatopeias "plunct", "plact" e "zum", o texto remete muito mais direta e iconicamente aos barulhos da espaçonave ao decolar do que o que aconteceria se, ao contrário, o autor tivesse optado por dizer apenas "a nave faz barulhos ao levantar voo". A intenção da escolha da onomatopeia, nesse contexto, visa a colaborar para a melhor (re)construção do mundo textual idealizado pelo autor por parte do(s) eventual(is) receptor(es) do seu texto.

Outro recurso de grande importância nos níveis fonético e fonológico, e que contribui enormemente para a construção da tessitura textual, é a recorrência sonora.

18 Ensino de Português e Linguística

O termo "recorrência" pode ser definido, de forma simples, enquanto mecanismo de coesão, como uma repetição ou retomada de certos elementos, uma espécie de "insistência" estruturadora do texto (Massini-Cagliari, 2001: 43). A recorrência pode se dar em todos os níveis gramaticais: fonético-fonológico (recorrência de segmentos, sílabas, elementos prosódicos), morfológico (repetição de palavras ou morfemas), sintático (recorrência de estruturas sintáticas), semântico (recorrência de conteúdos ou paráfrase). Embora alguns desses elementos às vezes apareçam de passagem em aulas de Língua Portuguesa, na maior parte das vezes são vistos apenas como ganhos estilísticos que conferem qualidade ao texto (principalmente quando se trata de textos poéticos), mas não como elementos verdadeiramente estruturadores desses textos (que são, de fato).

Talvez o elemento fonético mais saliente – e, por isso, mais conhecido e estudado –, em termos de construção da coesão de um texto, seja a rima em textos poéticos. Como se sabe, a rima opera um eco sonoro no final de versos, fazendo coincidir todos os sons vocálicos e consonantais a partir da vogal tônica da última palavra (por exemplo, *sofá* rima com *crachá*; *mesa* com *beleza*; *fonética* com *estética*). Mas também contribui crucial e fundamentalmente para a construção da textualidade de um poema a recorrência da quantidade de sílabas poéticas por verso. O início do primeiro canto de *Os Lusíadas*,[5] de Luís de Camões, poema épico maior em língua portuguesa, cuja primeira estrofe encontra-se em (4), é um excelente exemplo de como a recorrência da quantidade de sílabas poéticas por verso (no caso, dez sílabas por verso, constituindo o que se convencionou chamar de versos decassílabos[6]) e da rima (perfeita, do tipo *ababab cc*) podem se configurar como elementos verdadeiramente estruturadores da coerência e da coesão de um texto. Além disso, nesse importante poema de Camões, a recorrência da quantidade de acentos por verso também exerce uma função estruturadora do texto, no sentido de que o ritmo originado pela ocorrência de três acentos poéticos por verso (marcados em negrito, no exemplo (4), o primeiro variando entre a primeira e a quinta sílabas e o segundo e o terceiro caindo sempre na sexta e na décima sílabas poéticas) gera uma fluidez e uma cadência que sustentam a continuidade textual, em nível sonoro.

(4)   As **ar**mas e os ba**rões** assina**la**dos,
      Que da ociden**tal prai**a Lusi**ta**na,
      Por **ma**res nunca **dan**tes nave**ga**dos,
      Pas**sa**ram ainda a**lém** da Tapro**ba**na,
      Em pe**ri**gos e **guer**ras esfor**ça**dos,
      Mais do que prome**ti**a a for**ça** hu**ma**na.
      E entre **gen**te re**mo**ta edifi**ca**ram,
      Novo **Rei**no, que tanto subli**ma**ram.

Mas nem sempre os poetas optam por rimas perfeitas (ou seja, consoantes, na terminologia de Goldstein (1987: 44), aquelas que apresentam "semelhança de consoantes e vogais"). Às vezes, a identidade sonora se dá apenas entre as vogais (o que constitui rimas do tipo "toante"). Ou, ainda, às vezes pode não haver identidade completa entre as consoantes e as vogais das palavras finais dos versos, mas uma grande semelhança entre elas. Por exemplo, no trecho da canção "Longo caminho",[7] de Herbert Vianna, em (5), as rimas podem acontecer entre uma vogal oral e uma nasal de mesmo timbre (*aqui/fim*), ou entre vogais de mesma região articulatória (médias), mas com grau de abertura diferente (*chove/telefone*, em que [ɔ], vogal tônica de *chove*, é meio-aberta – ou média-baixa – e [o], tônica de *telefone*, é meio-fechada – ou médio-baixa –, sendo ambas vogais posteriores e arredondadas). Nesse trecho da letra, há rimas quase perfeitas, a não ser pela presença de um <s> final (que, em um dos casos, corresponde ao morfema de plural e, no outro, faz parte do radical) em uma das palavras do par rimante (*ruins/mim*; *antes/distante*).

(5)   Foi um longo caminho até **aqui**
      Um dia longo agora **chove**
      Como uma canção sem **fim**
      Como uma voz ao **telefone**
           [...]

      Há dias de prazer e dias **ruins**
      Já não sei mais quem era **antes**
      Há algo de você ainda em **mim**
      Como uma música **distante**
           [...]

Entretanto, a exploração da rima como elemento constitutivo da textualidade não se restringe ao final do verso, mesmo em se considerando o fato de ser esta a posição rítmica mais proeminente em português, tanto em termos poéticos como em termos linguísticos (cf. Massini-Cagliari e Cagliari, 1998). A canção seguinte, "Débora", de Zeca Baleiro,[8] da qual transcrevemos apenas as duas estrofes iniciais, explora a rima dita interna,[9] construindo sua textualidade a partir da caracterização da personagem, a mulher amada pelo eu lírico, a partir do eco sonoro entre as palavras que a caracterizam. Em (6), ressaltamos as rimas internas (perfeitas e imperfeitas, consoantes e toantes) com negritos. Em itálico, aparecem os pares de palavras em que ocorre um eco de consoantes e de vogais átonas, embora haja a troca da vogal tônica.

20 Ensino de Português e Linguística

(6) *Débora*, és uma *víbora*
     Sai da minha **aba**, vag**aba**
     Para com esse m**antra**, pil**antra**
     Chega de ca**ô**, **ô**, **ô**
     Tu não me eng**ana**, m**ana**
     Sei que fui um tr**ouxa**, p**oxa**
     Mas agora ch**ega**, n**êga**

     Cínica, fui bater na cl**ínica**
     Fiquei no **osso**, m**oço**
     Melhor que te af**aste**, tr**aste**
     Nem vem que não t**em**, nen**ém**
     Sei que fui bab**aca** p**aca**
     Vou picar a m**ula**, ch**ula**
     Cansei de ser *besta, basta*

Por outro lado, a ausência da rima onde, por conta do esquema geral do poema, se espera que ela ocorra, ou seja, a quebra de expectativa da rima, constitui-se também em um artifício utilizado com finalidades estilísticas pelos poetas. No exemplo a seguir, em que aparecem o refrão e a primeira estrofe da letra da canção "Cálice",[10] de Chico Buarque de Holanda, a quebra de expectativa da rima acontece no sexto verso da primeira estrofe, para evitar a utilização da palavra chula *puta*, que rimaria com *labuta/escuta/bruta*. O esquema de rimas da estrofe, que se baseia na rima dos versos a cada dois, confirma que deveria haver uma rima no ponto exato em que ela deixa de ocorrer. Dessa forma, o poeta "informa" o seu leitor (ou ouvinte, já que se trata de um poema cantado) qual deveria ter sido a palavra utilizada naquele contexto, sem, no entanto, ter que enunciá-la.

(7) Pai! Afasta de mim esse cálice
     Pai! Afasta de mim esse cálice
     Pai! Afasta de mim esse cálice
     De vinho tinto de sangue

     Como beber dessa bebida amarga
     Tragar a dor e engolir a labuta?
     Mesmo calada a boca resta o peito
     Silêncio na cidade não se escuta
     De que me vale ser filho da santa?
     Melhor seria ser filho da **outra**
     Outra realidade menos morta
     Tanta mentira, tanta força bruta

Outro tipo de elemento sonoro que contribui para o estabelecimento da coesão textual através da recorrência é a chamada "aliteração", um termo não muito feliz, porque se define como a "repetição de dado fonema" (Câmara Jr., s. d.: 61). Câmara Jr. (s. d.: 61-62) já mostrava a inadequação do rótulo, afirmando que "o termo consagrou-se neste sentido quando ainda se confundia em gramática a letra (lat. *littera*) com o som que ela representa [...], mas evidentemente a repetição da mesma letra, com som diferente, não constitui aliteração".[11] A insistência de poetas em determinados sons tem sido considerada há muito um elemento de valor estilístico (cf. Martins, 1997; Monteiro, 1991); entretanto, para além de uma mera escolha estilística, com finalidade de simbolismo fonético (ou, em outras palavras, a representação através dos sons da fala de elementos extratextuais – cf. Monteiro, 1991: 79-121), o eco de determinados segmentos traz uma "amarração" ao texto poético, fazendo-o caminhar, em termos de sequenciação.

Para ilustrar, apresentamos a seguir um trecho da canção "Chuva, suor e cerveja", de Caetano Veloso.[12] Nesta canção, em vários momentos, a insistência em sequências sonoras faz referência aos sons descritos no texto, contribuindo para a construção do seu sentido. Por exemplo, a recorrência da vogal /a/ seguida de uma fricativa palato-alveolar (/ʃ/ ou /ʒ/), que aparece sublinhada no exemplo (representada por várias grafias diferentes: *aix*, *ach*, *a ch*, para /aʃ/, e *aj*, *a g*, para /aʒ/), pode ser considerada uma tentativa de reproduzir o som da enxurrada e da brincadeira dos personagens na água; função semelhante exerce a recorrência dos mesmos sons consonantais, porém agora precedidos da vogal /e/, nos versos seguintes.[13]

(8)   E vamos embolar
      Ladeira ab**aix**o
      Acho que **a ch**uva
      Ajuda **a g**ente a se ver
      Venha, v**ej**a, d**eix**a
      B**eij**a, s**ej**a
      O que Deus quiser... (2x)

Repetições sonoras como a ilustrada em (8) acabam por gerar uma expectativa que, em termos amplos, não prototípicos, é rítmica, no sentido em que é cíclica. E essa ciclicidade, em termos prosódicos, é um fator constitutivo da própria coesão do texto, no nível da sequenciação.

Fenômeno semelhante ao da aliteração, mas muito mais sutil e elaborado, ocorre na canção "A foto da capa",[14] de Chico Buarque de Holanda. Há sons consonantais e vocálicos que são reiterados ao longo de todo o poema (tais como /'aɾa/, /'uɾa/, /'ɛɾa/, /'eɾa/, e da consoante líquida /l/ nos dois primeiros versos da segunda estrofe)[15]

22 Ensino de Português e Linguística

estabelecendo um crescendo (movimento ascendente), até que explodem liricamente nos dois versos finais, quando a repetição da sequência /'ara/ só cessa quando vem o "tapa" (palavra em que figura a consoante oclusiva – plosiva – /p/, que, por si só, já mimetiza o som o ato violento do tapa), como uma preparação para este clímax.

(9) É uma foto que não era para a capa
     Era a mera contracara, a face obscura
     O retrato da paúra quando o cara
     Se prepara para dar a cara a tapa

Muitas vezes, a recorrência de sons serve ao propósito de colocar em evidência um trecho específico do texto, não tendo a função de estruturador do ritmo e da sequenciação textual, como em (9), mas agindo como um fator de realce, como em (10). Nesse exemplo, aparecem os versos iniciais da canção "Sereia",[16] de Lulu Santos e Nelson Motta, que, para caracterizar a natureza irreal da sereia, utilizam quatro palavras do campo semântico do imaginário, todas iniciadas por *m*: *magia, miragem, milagre, mistério*. A sequência dessas quatro palavras iniciadas pela mesma consoante serve para chamar atenção para o trecho do texto, responsável pela descrição da sereia como ser irreal.

(10) Clara como a luz do sol
      Clareira luminosa nessa escuridão
      Bela como a luz da lua
      Estrela do oriente nesses mares do sul
      Clareira azul no céu
      Na paisagem
      Será **m**agia, **m**iragem, **m**ilagre
      Será **m**istério

A recorrência de padrões rítmicos também pode contribuir para a constituição do simbolismo fônico, a partir da mimetização de batidas e pulsações de elementos extralinguísticos. Um feliz exemplo é o poema "I-Juca Pirama", de Gonçalves Dias.[17] O trecho reproduzido em (11) é o início do Canto IV, todo constituído de maneira a imitar a batida dos tambores índios, seguindo um padrão recorrente do tipo forte-fraco-fraco (ou seja, um ritmo ternário). A sequência se inicia por uma anacruse;[18] em seguida, o som imitativo dos tambores recorre iterativamente, não sendo quebrada a batida até o final do canto. Para tal, considera-se, ao final dos versos agudos (ou seja, terminados por sílabas oxítonas), uma batida silenciosa.

(11) Meu canto de morte,
Guerreiros, ouvi:
Sou filho das selvas.
Nas selvas cresci;
Guerreiros, descendo
Da tribo Tupi.

Mesmo quando a reiteração de unidades rítmicas não é tão evidente quanto no caso do poema de Gonçalves Dias – como, por exemplo, nos versos brancos, sem rima e (aparentemente) sem metrificação, ou seja, sem a mesma quantidade de sílabas poéticas por verso –, ainda é possível perceber o papel da recorrência de elementos rítmicos como estruturadores do texto. Por exemplo, no poema "Inspiração",[19] de Mário de Andrade, todos os versos encontram-se construídos a partir da recorrência de três acentos principais – marcados em negrito, em (12) –, com exceção do último verso, com 4 acentos, constituído a partir de um ritmo evidentemente datílico, isto é, ternário:

(12)   Inspiração

> "Onde até na força do verão havia
> tempestades de ventos e frios de
> crudelíssimo inverno."
> *Fr. Luís de Sousa*

São **Pau**lo! Como**ção** de minha **vi**da...
Os meus a**mo**res são flores **fei**tas de origi**nal**...
Arlequi**nal**!... Traje de lo**san**gos... Cinza e **ou**ro...
Luz e **bru**ma... **For**no e inverno **mor**no...
Ele**gân**cias su**tis** sem es**cân**dalos, sem ci**ú**mes...
Per**fu**mes de Pa**ris**... **A**rys!
Bofe**ta**das **lí**ricas no Tri**a**non... Algodo**al**!...

São **Pau**lo! Como**ção** de minha **vi**da...
Gali**cis**mo a be**rrar** nos de**ser**tos da A**mé**rica!

Dessa maneira, padrões rítmicos recorrentes geram uma expectativa de repetição; assim, podem ser explorados, com finalidades estéticas evidentes, em textos publicitários. Em (13), por exemplo, o padrão rítmico trocaico (isto é, construído a partir da alternância entre uma sílaba forte e outra fraca) percorre todo o texto, fazendo com que haja a atribuição de acentos secundários em alguns contextos e o deslocamento do posicionamento do acento principal, em outro, de modo a

24 Ensino de Português e Linguística

garantir a onda rítmica. Neste exemplo, marcamos em negrito as proeminências efetivamente realizadas pelo locutor, não os acentos lexicais.[20]

(13) **Constru**indo ou **reforman**do
Você sempre **sai ganhan**do

A opção pela manutenção do ritmo trocaico (alternante entre uma sílaba forte e uma fraca, iniciando pela forte) faz com que sejam atribuídos acentos secundários a cada duas sílabas, contando a partir do acento principal da palavra para a esquerda, em todas as palavras que contenham mais de uma sílaba pretônica: *cònstruíndo* e *rèformándo*. A ditongação entre a sílaba átona final de *construindo* e a conjunção *ou* faz com que seja garantida a alternância forte/fraco em todo o primeiro verso: ***cons**/tru/**in**/duou/ **re**/for/**man**/do*. No entanto, no segundo verso, ocorre uma colisão acentual, ou a adjacência entre dois acentos, na combinação das palavras *você* e *sempre*: *você sempre*. É por este motivo que o acento principal da palavra *você*, originalmente oxítona, acaba se deslocando para a primeira sílaba, de modo a garantir a realização fonética da alternância trocaica, um padrão rítmico muito mais eufônico e de melhor memorização: ***Vo**/cê/ **sem**/pre/ **sai**/ga/**nhan**/do*.[21]

A representação sonora a partir da combinação de consoantes, vogais e elementos prosódicos como o acento e o ritmo pode ser usada também para fazer um retrato sonoro, criando uma espécie de "onomatopeia sintagmática", "em que as palavras isoladamente não revestem caráter imitativo, mas articuladas entre si conseguem comunicar a impressão dos ruídos desejados" (Monteiro, 1991: 106). Como exemplo, citamos um trecho do conhecido poema em que são representados os sons de um trem: "Trem de ferro", de Manuel Bandeira.[22]

(14) Café com pão
Café com pão
Café com pão

Virge Maria que foi isso maquinista?

Agora sim
Café com pão
Agora sim
Voa, fumaça
Corre, cerca
Ai seu foguista

Bota fogo
na fornalha
Que eu preciso
Muita força
Muita força
Muita força

Às vezes, a opção por uma "onomatopeia sintagmática" pode não se estender ao texto como um todo, como acontece com "Trem de ferro", ficando restrita a um único verso (em caso de textos poéticos) ou linha (em textos em prosa), também funcionando, dessa maneira, como elemento de realce. Por exemplo, nos versos em (15), que correspondem a um trecho da canção "Como nossos pais",[23] de Belchior, o som do vento é representado iconicamente a partir de uma sequência de palavras iniciadas pela letra <v>.

(15) Você me pergunta
Pela minha paixão
Digo que estou encantada
Como uma nova invenção
Eu vou ficar nesta cidade
Não vou voltar pro sertão
Pois vejo vir vindo no vento
Cheiro de nova estação
Eu sei de tudo na ferida viva
Do meu coração...

Imitações sonoras também podem atingir a fala de outras pessoas, sobretudo de línguas estrangeiras. Na tirinha a seguir, de Lucas Lima, o nome do autor de origem russa *Tolstói* é confundido com o nome do filme americano *Toy Story*, dada a semelhança sonora entre esses nomes, sobretudo em termos consonantais e da sílaba tônica (/t_stɔ_/).[24]

(16)

www.lucaslima.com

Além da imitação sonora de línguas estrangeiras, podem ser também "imitadas" as falas de outras variedades do português, bem como a pronúncia de estrangeiros falando português. As propagandas a seguir,[25] por exemplo, exploram a imitação da fala de imigrantes italianos, japoneses e alemães, moradores da cidade de São Paulo.

(17)

Há, enfim, inúmeras formas de "brincar" com os sons da fala, extremamente sedutoras e que podem servir para mostrar a complexidade da estrutura fonológica da língua, em sala de aula.

A partir desses poucos exemplos, vimos o quanto pode ser sofisticado e prazeroso o trabalho exploratório dos fatos fonéticos e fonológicos da língua portuguesa em sala de aula. Exemplificando a partir da maneira como alguns elementos sonoros, especialmente prosódicos, mas também segmentais, são usados para construir e dar brilho a um texto, mostramos como a dimensão sonora pode ser explorada com finalidades expressivas e artísticas (aproveitamento fonoestilístico), esperando ter contribuído para motivar a busca de atividades escolares, a partir dos sons das línguas e da sua relação com a constituição da textualidade.

Notas

[1] Para uma sistematização do sistema de vogais e consoantes do português, sugerimos a leitura do texto clássico de Joaquim Mattoso Câmara Jr. (1985[1970]) e de manuais de Fonologia do português brasileiro, tais como Cagliari (2002) e Silva (2001). Para informações sobre a realização das consoantes e vogais do português brasileiro, veja-se Cagliari (2007) e, para uma sistematização das relações entre letras e sons, estabelecidas pela ortografia oficial do Brasil, veja-se Cagliari (1998).

[2] Agradecemos ao autor Lucas Lima (www.lucaslima.com), que gentilmente cedeu suas tirinhas – (1) e (16) – para nosso trabalho.

[3] Câmara Jr. (s. d.: 288) define onomatopeia como um "vocábulo que procura reproduzir determinado ruído, constituindo-se com os fonemas da língua, que pelo efeito acústico dão melhor impressão desse ruído. Não se trata, portanto, de imitação fiel e direta do ruído, mas da sua interpretação aproximada com os meios que a língua fornece". Xavier e Mateus (1990: 266) reforçam que a onomatopeia distingue-se da imitação não linguística justamente "por se compor de segmentos fonéticos integrados no sistema fonológico de uma dada língua".

[4] Disponível em <http://letras.mus.br/raul-seixas/90579/>, acesso em: 10 nov. 2015.

[5] Luís de Camões, *Os Lusíadas*, Lisboa, Casa de Antonio Gõçaluez Impressor, 1572, fl. 1-recto. [Biblioteca Virtual. Biblioteca Nacional de Portugal. Disponível em: <http://purl.pt/1>; acesso em: 11 nov. 2015.] Atualização ortográfica de responsabilidade desta autora, a partir da seguinte versão original da edição de 1572: "As armas, & os barões assinalados, / Que da Occidental praya Lusitana, / Por mares nunca de antes nauegados, / Passaram, ainda além da Taprobana, / Em perigos, E guerras esforçados, / Mais do que prometia a força humana. / E entre gente remota edificarão, / Nouo Reino, que tanto sublimarão".

[6] Exemplo do esquema de escansão dos versos do poema de Camões, em sílabas poéticas: As (1)/ ar (2)/ mas (3)/ e os (4)/ ba (5)/ rões (6)/ a (7)/ ssi (8)/ na (9)/ la (10)/dos; Que (1)/ da o (2)/ ci (3)/ den (4)/ tal (5)/ prai (6)/ a (7)/ lu (8)/ si (9)/ ta (10)/ na – e assim por diante, sempre considerando a realização dos possíveis processos de sândi (ditongação, elisão, etc.) e que a contagem das sílabas poéticas termina na sílaba tônica da última palavra do verso, desconsiderando as átonas finais desta, quando houver.

[7] Encarte do CD *Longo caminho*, Paralamas do Sucesso. EMI Music Ltda. 2002, p. 4.

[8] Encarte do CD *O coração do homem-bomba*, volume 2, MZA Music, 2008, p. 6.

[9] Entre a palavra final do verso e outra, no meio desse verso, mas não necessariamente na posição de cesura (conforme considera Câmara Jr., s. d.: 334) ou no verso seguinte (cf. Goldstein, 1987: 44).

[10] Disponível em: <http://letras.mus.br/chico-buarque/45121/>. Acesso em: 08 set. 2012.

[11] Alguns autores, como Martins (1997: 38) consideram a aliteração apenas como a repetição de sons consonantais, denominando de assonância a repetição de sons vocálicos.

[12] Disponível em: <http://letras.terra.com.br/caetano-veloso/43870/>. Acesso em: 28 ago. 2011.

[13] Nos versos finais da mesma canção, a repetição alternada de uma consoante oclusiva (/p/ ou /b/) seguida da vogal /ɔ/ ou /a/, por sua vez seguida de uma sílaba iniciada por consoante líquida (/l/ ou /ɾ/), tenta representar o movimento de deslocamento do casal até a porta da igreja: "A gente se em**ba**la / Se em**bo**ra se em**bo**la / Só **pa**ra na porta da igreja".

[14] Encarte do CD *Paratodos*, RCA, BMG, 1994, p. 15. Por razões legais envolvendo direitos autorais, deixamos de reproduzir, aqui, a letra completa da canção, focalizando apenas os versos finais.

[15] A reiteração especificamente das duas consoantes /l/ e /r/ neste contexto não é meramente acidental, porque apenas essas duas consoantes fazem parte da categoria das líquidas, em português (Câmara Jr., s. d.: 251).

[16] Disponível em: <http://letras.mus.br/lulu-santos/35066/>. Acesso em: 11 nov. 2015.

[17] Disponível em: <http://www.biblio.com.br/defaultz.asp?link=http://www.biblio.com.br/conteudo/ GoncalvesDias/IJucaPirama.htm>. Acesso em: 28 ago. 2011.

[18] Em Música, é a nota ou as notas que, no início da peça musical, aparecem no tempo fraco antes do tempo forte do primeiro compasso; por analogia, em poesia, é a sílaba ou sílabas que vem/vêm no princípio do verso, antecedendo o tempo forte do primeiro pé.

[19] Mário de Andrade, *De Pauliceia Desvairada a Café (Poesias Completas)*, São Paulo, Círculo do Livro, 1984, 36.

[20] Propaganda televisiva de loja de materiais de construção, anotada de memória, pela autora deste capítulo; daí provém a impossibilidade de indicação da fonte.

[21] A retração acentual para evitar a ocorrência de colisões acentuais não é apenas um recurso estilístico do português brasileiro: trata-se de um fenômeno rítmico mais geral da língua, que pode ser observado comumente na linguagem do dia a dia. Por exemplo, todos os dias, no telejornal *Jornal Hoje*, é possível escutar a âncora dizer: *No próximo bloco, no Jòrnal Hóje*; e, na eleição presidencial de 2010, o nome de um dos candidatos era frequentemente pronunciado em sua propaganda televisiva como *Jòsé Sérra*.

[22] Manuel Bandeira, *Estrela da vida inteira*, 14. ed., Rio de Janeiro, José Olympio, 1987, pp. 132-133.

[23] Encarte do CD *Apenas um rapaz latino americano*, VAT Video Audio Tape do Amazonas, não datado, p. 2.

[24] Outros exemplos de imitação sonora do inglês podem ser encontrados em Rostas (2013), que analisa casos de melôs maranhenses, ou seja, de como os falantes maranhenses de São Luís cantam *reggaes* em inglês, transformando, por exemplo, sequências em inglês como *"kill him with the no"* em "cadê o metanol".

[25] Todas publicadas no jornal *Folha de S.Paulo*, em 25 de janeiro de 2006, respectivamente nas páginas B-12, A-20 e D-4.

Referências

ANDRADE, M. *De Paulicéia Desvairada a Café (Poesias Completas)*. São Paulo: Círculo do Livro, 1984.

BANDEIRA, M. *Estrela da vida inteira*. 14. ed.. Rio de Janeiro: José Olympio, 1987.

CAGLIARI, L. C. *Alfabetizando sem o bá-bé-bi-bó-bu*. São Paulo: Scipione, 1998.

_____. *Análise fonológica*: introdução à teoria e à prática com especial destaque para o modelo fonêmico. Campinas: Mercado de Letras, 2002.

_____. *Elementos de fonética do português brasileiro*. São Paulo: Paulistana, 2007.

CÂMARA JR., J. M. *Estrutura da língua portuguesa*. 15. ed. Petrópolis: Vozes, 1985. [1. ed. 1970.]

_____. *Dicionário de filologia e gramática referente à língua portuguesa*. 5. ed. Rio de Janeiro: J. Ozon Editor, s. d.

CAMÕES, L. de. *Os Lusíadas*. Lisboa: Casa de Antonio Gôçaluez Impressor, 1572. Biblioteca Virtual. Biblioteca Nacional de Portugal. Disponível em: http://purl.pt/1. Acesso em: 11 nov. 2015.

GOLDSTEIN, N. *Versos, ritmos, sons*. 4. ed.. São Paulo: Ática, 1987.

MARTINS, N. S. *Introdução à estilística*. São Paulo: T. A. Queiroz/ Edusp, 1997.

MASSINI-CAGLIARI, G. *O texto na alfabetização*: coesão e coerência. Campinas: Mercado de Letras, 2001.

MASSINI-CAGLIARI, G.; CAGLIARI, L. C. De sons de poetas ou Estudando fonologia através da poesia. *Revista da Anpoll*, São Paulo, n. 5, p. 77-105, jul./dez., 1998.

_____. Fonética. In: MUSSALIM, F.; BENTES, A. C. (Orgs.) *Introdução à linguística*: domínios e fronteiras. São Paulo: Cortez, 2001, v. 1, pp. 105-146.

MONTEIRO, J. L. *A estilística*. São Paulo: Ática, 1991.

ROSTAS, M. H. S. G. *Balizas suprassegmentais*: estudos de adaptações fonológicas. Curitiba: Appris, 2013.

SILVA, T. C. *Fonética e fonologia do português*. 4. ed. São Paulo: Contexto, 2001.

XAVIER, M. F.; MATEUS, M. H. M. (Org.). *Dicionário de termos linguísticos*. Lisboa: Cosmos, 1990, v. 1.

ANEXO

Plano de aula

Objetivo: analisar um texto do ponto de vista fonoestilístico, motivando, a partir do aproveitamento que o autor faz de elementos segmentais e prosódicos, discussões acerca da estrutura fonológica da língua.

Conteúdos específicos: aspectos fonoestilísticos: rima, rima interna, ritmo, imitação sonora.

Ano/Série escolar: 6º ano do ensino fundamental ou posteriores

Número de aulas previstas: 2

Desenvolvimento:

1º momento:
Leitura inicial do texto, acompanhando a gravação da canção. É imprescindível a presença da música como motivadora da discussão, na medida em que se trata de um trabalho com o nível sonoro da língua. A observação da gravação, inclusive, facilita a percepção da intenção do autor de mimetização do som de um trem. O texto considerado para esta aula é a canção "Pedro Pedreiro",* de Chico Buarque de Holanda.

Sugere-se que o professor incentive a percepção dos alunos do nível sonoro da fala, a partir do canto, ou seja, o professor deve incentivar seus alunos a cantarem junto com a gravação, enquanto acompanham a letra da música, apresentada a eles por escrito.

Focalizaremos, nesta análise, principalmente a terceira estrofe e a terceira realização do refrão (que sofre algumas alterações, como veremos, a cada ocorrência). Infelizmente, por motivos relacionados à questão de direitos autorais, deixamos de reproduzir aqui a letra completa da canção.

> Pedro pedreiro penseiro esperando o trem
> Manhã parece, carece de esperar também
> Para o bem de quem tem bem de quem não tem vintém
> [...]
>
> Pedro pedreiro tá esperando a morte
> Ou esperando o dia de voltar pro Norte
> Pedro não sabe mas talvez no fundo
> Espere alguma coisa mais linda que o mundo
> Maior do que o mar,
> mas prá que sonhar se dá
> O desespero de esperar demais

---

* Disponível em: http://letras.mus.br/chico-buarque/45160/. Acesso em: 4 set. 2012.

30 Ensino de Português e Linguística

Pedro pedreiro quer voltar atrás
Quer ser pedreiro pobre e nada mais, sem ficar
Esperando, esperando, esperando
Esperando o sol, esperando o trem
Esperando aumento para o mês que vem
Esperando um filho prá esperar também
Esperando a festa, esperando a sorte
Esperando a morte, esperando o Norte
Esperando o dia de esperar ninguém
Esperando enfim, nada mais além
Da esperança aflita, bendita, infinita do apito de um trem

2º momento:

Análise detalhada do texto. O professor pode ir destacando partes do texto e incentivando a percepção dos alunos sobre alguns fenômenos relativos ao nível sonoro da língua. A seguir, faz-se o destaque desses pontos a serem focalizados na discussão com os alunos.

1. O nome da personagem: Pedro Pedreiro. Solicitar aos alunos que observem o nome da personagem e levá-los à percepção de que os sons iniciais do prenome Pedro são os mesmos que aparecem no "sobrenome" (fictício, porque não se trata propriamente de sobrenome, mas de uma alcunha, relativa à profissão da personagem): /pedɾ-/. O professor, inclusive, se dispuser de algum dicionário etimológico de nomes próprios,* podem mostrar aos alunos que essas duas palavras derivam da mesma base histórica, que significa "pedra". A partir dessa observação, pode mostrar que, provavelmente, a escolha do nome da personagem não foi aleatória.

2. Na expressão "Pedro pedreiro penseiro", observar a rima interna entre "pedr_eiro_" e "pens_eiro_". Mostrar as implicações semânticas dessa recorrência sonora: se "pedreiro" é "aquele que trabalha com pedra", "penseiro" é "aquele que pensa". Dessa maneira, em apenas uma palavra, o poeta foi capaz de resumir a atividade mental da personagem que permeia todo o poema, enquanto espera o trem.

3. Explorar as rimas finais dos versos. Exemplo:

Pedro pedreiro tá esperando a **morte**	*a*
Ou esperando o dia de voltar pro **Norte**	*a*
Pedro não sabe mas talvez no **fundo**	*b*

---

* Dicionários de nomes próprios constituem, talvez, o gênero textual mais popular relativo aos estudos linguísticos, uma vez que são vendidos até em bancas de jornal. Muitas gestantes recorrem a dicionários dessa natureza para escolherem os nomes dos seus futuros bebês. Assim, não será difícil para o professor ter acesso a algum dicionário desse tipo. Apenas como sugestão, pode ser consultado o dicionário de Regina Obata, *O livro dos nomes*, São Paulo, Círculo do Livro, 1986. Há alguns dicionários e glossários desta natureza disponíveis na internet.

Espere alguma coisa mais linda que o m**undo** — *b*
Maior do que o mar, mas prá que sonhar se d**á** — *c*
O desespero de esperar dem**ais** — *d*
Pedro pedreiro quer voltar atr**ás** — *d*
Quer ser pedreiro pobre e nada mais, sem fic**ar** — *c*

4. Mostrar outros momentos em que ocorre rima interna. Exemplos:

Pedro pedr**eiro** pens**eiro** esperando o trem
Manhã par**ece**, car**ece** de esperar também
Para o b**em** de qu**em tem** b**em** de qu**em** não t**em** vint**ém**

Refrão:

Esperando a festa, esperando a s**orte**
Esperando a m**orte**, esperando o N**orte**

5. Mostrar, a partir da leitura do refrão, que o ritmo se baseia na repetição da palavra "esperando", com o objetivo de mimetizar pelo som a monotonia da espera pelo trem.

Esperando, **esperando**, **esperando**
Esperando o sol, **esperando** o trem
Esperando aumento para o mês que vem
Esperando um filho prá esperar também

6. Notar que o refrão vai aumentando de tamanho, apesar de manter a sua estrutura básica baseada na repetição da palavra "esperando", à medida que vai aumentando o tempo de espera da personagem pelo trem. Mostrar, também, que o ritmo dos versos do refrão é baseado na sua divisão em duas partes, na maior parte das vezes cada uma delas se iniciando justamente pelo gerúndio "esperando".

Esperando, **esperando**, **esperando**
Esperando o sol, **esperando** o trem
Esperando aumento para o mês que vem
Esperando um filho prá *esperar* também
Esperando a festa, **esperando** a sorte
Esperando a morte, **esperando** o Norte
Esperando o dia de *esperar* ninguém
Esperando enfim, nada mais além
Da esperança aflita, bendita, infinita do apito de um trem

7. Explorar os pontos em que o poeta se utiliza de ecos sonoros, para relacionar semanticamente alguns termos. Por exemplo, em "O **desespero** de esperar demais", a palavra "esperar" está "contida" no som de "desespero", o que mostra que o poeta classifica a espera da personagem como "desesperadora".

Outro caso interessante é o do verso final da última ocorrência do refrão: "Da esperança aflita, bendita, infinita do apito de um trem". A rima interna entre as palavras *aflita*/*bendita*/*infinita* pode representar, a partir da presença da vogal /i/ tônica, a mesma da palavra *apito*, que a elas se segue, a mimetização do som do apito do trem, que se aproxima (o que se pode ver a partir da recorrência do verso "que já vem", logo em seguida a esse verso do refrão).

8. Observação da imitação sonora do som do trem que se aproxima da plataforma em que a personagem espera por ele, a partir da repetição do verso final "Que já vem". Neste ponto, é importantíssimo escutar novamente a gravação original da música, que deixa transparecer bastante claramente a intenção mimética do poeta.

3º momento: Produção de texto: o professor pode propor a organização dos alunos em grupos e desafiá-los a criar um pequeno texto em que a combinação das palavras imite o som de alguma coisa.

Momento final (a ser desenvolvido já na segunda aula): apresentação do texto criado pelo grupo a todos os alunos da classe, que tentarão adivinhar qual som está sendo mimetizado. Deve-se deixar claro aos alunos que o objetivo é fazer com que os outros alunos da classe consigam identificar o referente da imitação, e não enganá-los para que não adivinhem.

Textos/Material utilizado:

- Letra da canção "Pedro Pedreiro", de Chico Buarque de Holanda, LP original *Chico Buarque de Hollanda*, 1966, disponível em http://letras.mus.br/chico-buarque/45160/. Acesso em: 4 set. 2012.
- Gravação original da canção "Pedro Pedreiro", de Chico Buarque de Holanda, disponível no CD *Chico Buarque de Hollanda*, relançamento do LP original de 1966, e online em https://www.youtube.com/watch?v=ERmJvNguGXI. Acesso em: 1º maio 2014.
- Um dicionário etimológico de nomes próprios. Sugestão: Regina Obata, *O livro dos nomes*, São Paulo, Círculo do Livro, 1986.

Sugestões de leitura para o professor:

GOLDSTEIN, N. *Versos, ritmos, sons*. 4. ed. São Paulo: Ática, 1987, pp. 44-49.

MASSINI-CAGLIARI, G. *O texto na alfabetização*: coesão e coerência. Campinas: Mercado de Letras, 2001, pp. 42-47.

MASSINI-CAGLIARI, G.; CAGLIARI, L. C. Fonética. In: MUSSALIM, F.; BENTES, A. C. (Orgs.). *Introdução à linguística*: domínios e fronteiras. São Paulo: Cortez, 2001, v. 1, pp. 105-146.

MONTEIRO, J. L. *A estilística*. São Paulo: Ática, 1991, pp. 99-110.

Meu aluno escreve "pexe"! Contribuições da Fonologia para entender desvios de escrita

Juliana Bertucci Barbosa

Neste capítulo, discutimos a intrínseca relação entre variação linguística, Fonologia e desvios ortográficos presentes nas escritas de alunos do ensino básico. Além disso, buscamos ressaltar algumas das importantes contribuições que a Linguística oferece ao professor da educação básica no processo de aquisição de escrita. Entre elas, o conhecimento sobre alguns fenômenos fonético-fonológicos já pesquisados no português brasileiro e presentes na escrita de alunos, como os fenômenos da monotongação (exemplo: "pexe" no lugar de "peixe") e ditongação (exemplo: "professoura" ao invés de "professora").

No processo de aquisição de escrita, destacamos ainda a importância de o professor considerar a diversidade linguística como ponto de partida para o desenvolvimento do conhecimento sobre o funcionamento da língua. O trabalho com a variação na escola tem o objetivo de levar o aluno a compreender a língua como produto das relações e interações entre falantes. Assim, apontamos a necessidade de o docente estar preparado para respeitar as variantes regionais e sociais, as marcas estilísticas e de identidades sociais presentes na fala do aluno (cf. Labov, 1972, 2008).

Focalizamos, neste capítulo, a interferência da língua falada na produção da escrita a partir de fenômenos como a ditongação e a monotongação. Para ilustrarmos nossa discussão e as características encontradas na produção textual de alunos, utilizamos exemplos de textos públicos (cartazes e placas) encontrados nas ruas, em cidades do interior do estado de São Paulo e de Minas Gerais.

Discussão sobre fala e escrita

Tomando por base os estudos de Marcuschi (2007), há uma tendência em considerar a escrita como capacidade superior ou mais difícil que a fala. Na escola, por exemplo, muitas vezes, "fala" e "escrita" são vistas como dicotômicas, associadas às oposições como "padrão" *vs.* "não padrão", "formas de prestígio" *vs.* "formas estigmatizadas". Infelizmente, ainda existe, no contexto escolar, o mito de que certas estruturas podem ser aceitas apenas na fala, sendo essas formas geralmente consideradas "não padrão" e "estigmatizadas".

No entanto, não há dicotomia "fala" *vs.* "escrita", dado que "ambas permitem a construção de textos coesos e coerentes, ambas permitem a elaboração de raciocínios abstratos e exposições formais e informais, variações estilísticas, sociais, dialetais e assim por diante" (Marcurschi, 2007: 17). Para Marcuschi,

> as diferenças entre fala e escrita se dão dentro do *continuum* tipológico das práticas sociais de produção textual *e não na relação dicotômica de dois polos opostos.* Em consequência, temos a ver com correlações em vários planos, surgindo daí um conjunto de variações e não uma simples variação linear (2007: 37; destaque nosso).

Sendo assim, não se pode conceber a fala como o local do não planejado e a escrita como o lugar do raciocínio lógico e organizado. A fala e a escrita são, portanto, duas modalidades que oportunizam manifestações textual-discursivas e que se sobrepõem, possibilitando graus diferentes de realização. Assim, as relações entre oralidade e escrita acabam refletindo "um dinamismo fundado no *continuum* que se manifesta entre essas duas modalidades de uso da língua" (Marcuschi, 2007: 34). Como destaca Koch (2007: 78), "a escrita formal e a fala informal constituem polos opostos de um contínuo, ao longo do qual se situam diversos tipos de interação verbal". A seguir, observemos a Figura 1, proposta por Marcuschi (2007: 38), que ilustra uma noção esquemática dessa postura.

Figura 1 – Relações de continuidade fala/escrita em relação a gêneros textuais

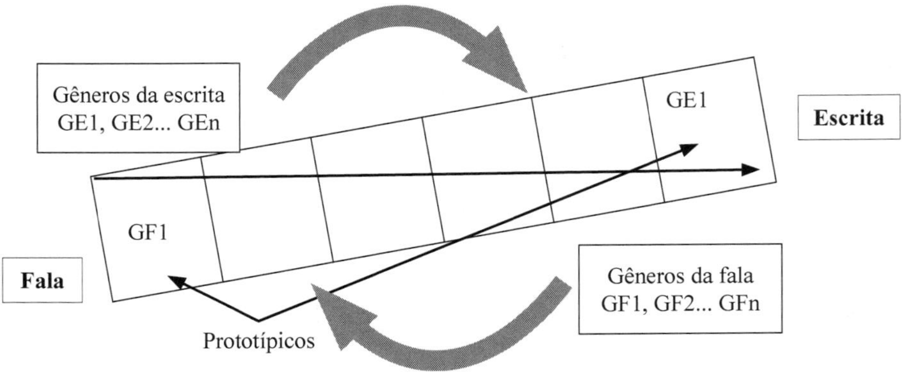

Fonte: Marcuschi, 2007: 38

Nessa figura, o autor demonstra que entre os dois domínios linguísticos "fala" e "escrita" encontram-se os gêneros textuais (G), os quais se dão em dois *continuum* (contínuos), a saber: i) na linha dos gêneros textuais (GF1, GF2... GFn e GE1, GE2... GEn) e ii) na linha das características específicas de cada modalidade. Assim, segundo o autor, o GF1 representa uma espécie de protótipo da modalidade "fala" (de concepção oral e meio sonoro), como, por exemplo, uma conversa espontânea, e o GE1, por sua vez, uma espécie de protótipo da escrita (de concepção escrita e meio gráfico), como um artigo científico, por exemplo. De acordo com Marcuschi (2007: 38), existe uma série de textos produzidos em condições naturais e espontâneas nos mais diversos domínios discursivos das duas modalidades e, muitas vezes, esses textos se entrecruzam sob muitos aspectos, chegando a constituir "domínios mistos". Vejamos o Quadro 1:

Quadro 1 – Distribuição de quatro gêneros textuais de acordo com o meio de produção e a concepção discursiva

Gênero textual	Meio de produção		Concepção discursiva		Domínio
	Sonoro	Gráfico	Oral	Escrito	
Conversação espontânea	X		X		a
Artigo científico		X		X	d
Notícia de TV	X			X	c
Entrevista publicada na *Veja*		X	X		b

Fonte: Marcuschi, 2007: 40.

36 Ensino de Português e Linguística

Dessa forma, os requisitos principais de distribuição dos gêneros pelo *continuum* seriam o "meio de produção" (sonoro ou gráfico) e a "concepção discursiva" (oral ou escrita), e não o fato de serem "um texto falado" ou um "texto escrito".

A consideração de tal *continuum* leva-nos a assumir uma perspectiva sociodiscursiva[1] dos fenômenos da linguagem – a qual volta sua atenção para os processos de produção de sentido situados sócio-historicamente –, marcada por atividades de negociação ou por processos inferenciais. Sob tal ótica, as categorias linguísticas não são dadas *a priori*, mas "construídas interativamente e sensíveis aos fatos culturais" (Marcurschi, 2007: 34). Sendo assim, o que defendemos é o ensino das modalidades oral e escrita, levando-se em consideração este *continuum*, atrelado à variedade (não padrão/padrão) adequada ao gênero discursivo que a situação de uso (ou contexto) requer.

Por isso, Bortoni-Ricardo (2006) argumenta a favor da inclusão de regras fonológicas variáveis[2] no ensino de escrita, inclusive das que interseccionam com a morfossintaxe, como elementos de conscientização linguística. Como exemplo disso, tem-se a preferência, no português do Brasil, pela sílaba canônica CV (consoante+vogal), em que as sílabas CVC (consoante+vogal+consoante) sofrem processos fonético-fonológicos, como a desnasalização das vogais átonas finais (garagem > garage), a supressão de segmentos consonânticos como /s/ e /r/ na coda silábica (cantar > cantá, os meninos > os menino) ou a redução de ditongos decrescentes (dinheiro > dinhero). Esses processos geralmente ocorrem com maior frequência na sílaba final da palavra, que pode sofrer a perda de um segmento ou até mesmo ser totalmente apagada, como acontece em algumas variedades, por exemplo: "para você" > "procê". Para a autora, as marcas de oralidade na escrita podem estar associadas tanto a regras sociolinguísticas de variação quanto podem ser advindas do grupo social do aluno.

Sob essa perspectiva, acreditamos que devemos dar subsídios linguísticos, principalmente os de conhecimento fonético-fonológicos, aos professores para que acompanhem, identifiquem e compreendam o desenvolvimento da escrita do aluno, sanando crenças linguísticas – como as que dicotomizam fala e escrita – e que lhes permitam desenvolver uma consciência linguística (ou, mais propriamente, uma consciência fonológica). Tais subsídios devem ainda ajudar os professores na elaboração de procedimentos pedagógicos que os auxiliem a trabalhar e a lidar com desvios de escrita sob outra perspectiva (e não aquela que só considere o "errado" e o "certo").

Fenômenos fonético-fonológicos presentes na fala e na escrita: monotongação e ditongação

Como já mencionado e abordado por muitos autores (cf. Cagliari, 1997; Simões, 2006; Bortoni-Ricardo, 2005), acreditamos não só na existência da interferência da língua falada na produção de textos escritos, mas também na necessidade de se considerar que a presença de desvios de escrita, como marca de oralidade, é um processo natural pelo qual a criança passa, pois ainda está desenvolvendo a sua consciência fonológica e adquirindo a escrita. Esta fase é inerente à criança e está presente durante o processo de aquisição da escrita.

Simões (2006), em uma investigação sobre a escrita infantil, acrescenta ainda que essa problemática também advém, geralmente, da disparidade de informações às quais os alunos estão expostos durante o período de alfabetização e letramento. Para a autora, o aluno ora está em contato com a variante popular, ora com a variante padrão, ensinada pelo professor em sala de aula. É essa disparidade que causa, no aluno, o choque de parâmetros linguísticos e interfere no seu aprendizado da escrita.

Antes de iniciarmos as discussões sobre a influência da fala na escrita, é importante relembrarmos alguns conceitos associados aos fenômenos fonético-fonológicos presentes na língua. Precisamos compreender os motivos que levam o aluno a optar por determinadas formas quando vai escrever, ou seja, fazer a representação gráfica das palavras. Ao optar por uma forma e não outra, o aluno está fazendo tentativas de possíveis adequações que tornem a sua escrita o mais próximo da fala do seu dia a dia, sua única referência.

Cagliari (2002: 99) destaca que fenômenos fonético-fonológicos são "as alterações sonoras que ocorrem nas formas básicas dos morfemas, ao se realizarem foneticamente". Assim, o aluno faz com que determinado som ganhe (ou perca) novos traços distintivos (características do som, como [+vocálico]), tornando-o semelhante ao som que ainda não articulou a sua fala. Como exemplos de fenômenos fonético-fonológicos, temos (a) **desvozeamento**: troca de sons sonoros para surdos (por exemplo, trocar o som sonoro[3] /b/ pelo som surdo /p/, que se distinguem quanto ao vozeamento, mas são similares quanto ao ponto e o modo de articulação, ou seja, são bilabiais e oclusivas. Exemplo: "/b/ato" > "/p/ato"); (b) **apagamento**: supressão de fonemas ocorrida em sílabas átonas (exemplo: "nadar"> "nadáØ"); (c) **síncope**: supressão de fonema no meio da sílaba (exemplo:

38 Ensino de Português e Linguística

é o que se vê na palavra "fósforo", pronunciada como ['fɔsfɾʊ], em que uma vogal próxima a uma outra acentuada foi eliminada); (d) **epêntese:** adição de fonema no meio da palavra (exemplo: palavras[4] como "fixo" ['fikɪsʊ], "admiro" [adʒi'miɾʊ] e "advogado" [adʒivo'gadʊ]); (e) **monotongação:** apagamento da semivogal nos ditongos crescentes e decrescentes (exemplo: "banh[ej]ro" > "banh[e]ro"); (f) **apócope:** supressão de fonemas no fim das palavras (exemplo: "mulher" > "muié"); (g) **desnasalização:**[5] é a transformação de um som nasal (ou nasalizado) em um som oral, podendo resultar, na grafia, na ausência de notação léxica (exemplo: "homem" > "home", em que o /eN/, em contexto pós-tônico, sofre desnasalização, tornando-se /e/, levando o falante, na escrita, a deixar de grafar o "m"); (h) **abaixamento:**[6] de acordo com a posição da língua na articulação de uma vogal, há o abaixamento da propriedade de altura do segmento vocálico, ou seja, o traço fonético "mais alto" (relacionado à altura da língua na articulação da vogal) é perdido (exemplo: abaixamento de /u/ para /o/, como em "cuecas" > "c[o]ecas", e abaixamento de /i/ para /e/, como em "irmão" > "[e]rmão"). Dessa forma, é necessário que a consciência fonológica seja desenvolvida e que os sons se tornem próximos das crianças para que sejam incorporados a sua consciência. É necessário também que o professor tenha conhecimento desses fenômenos para que possa interpretá-los e propor atividades aos alunos.

Muitas pesquisas apontam, entre as marcas de oralidade na escrita resultantes de processos fonético-fonológicos, a presença de palavras ditongadas ou monotongadas. Segundo Dubois et al. (2001: 202), "ditongação é a mudança fônica resultante da alternância sincrônica ou de evolução diacrônica; essa mudança se deve à segmentação de uma vogal em duas partes, formando uma única sílaba, ou à redução de uma hiato a um ditongo". Podemos observar o processo de ditongação principalmente nos seguintes contextos: (a) quando há inserção do glide ou semivogal anterior, no final de sílaba seguido pelo arquifonema /S/, por exemplo "vocês" > "vocêis"; (b) quando o ditongo é nasal, como em "for[ãw]"; e/ou (c) devido a hipercorreção, como em "azulejo" > "azuleijo". O termo *ditongo* ainda pode ser conceituado simplesmente como um encontro de uma semivogal com uma vogal, ou vice-versa, em uma mesma sílaba. Segundo Silva:

> Um ditongo consiste de uma sequência de segmentos vocálicos, sendo que um dos segmentos é interpretado como vogal e o outro é interpretado como um glide. O segmento interpretado como vogal no ditongo é aquele que tem proeminência acentual (ou seja, conta como uma unidade em termos acentuais). O segmento interpretado como glide não tem proeminência acentual. Em um ditongo, a vogal e o glide são pronunciados na mesma sílaba [...] (2008: 94).

Os ditongos podem ser classificados em crescentes e decrescentes, orais e nasais. Quando a vogal vem em primeiro lugar denomina-se ditongo decrescente como nos exemplos,"id<u>ei</u>a", "c<u>ai</u>xa"; o processo inverso caracteriza os ditongos crescentes, ou seja, quando a semivogal antecede a vogal, como na palavra "vár<u>ia</u>s".

Um fenômeno contrário à ditongação é a monotongação: um processo pelo qual o ditongo passa a ser produzido como uma única vogal (Seara et al., 2011: 43). Sendo assim, ocorre o apagamento da semivogal. Segundo Seara et al. (2011) e Silva (2003, 2008), geralmente monotongam-se os ditongos [aj], [ej] e [ow], os dois primeiros quando diante de [ʃ], [ʒ] e [ɾ], como em peixe ['peʃɪ], queijo ['keʒʊ] e freira ['fɾeɾɐ]; já o ditongo [ow] monotonga-se em qualquer contexto, como em "ouro" ['oɾʊ], "ouviu" [o'viʊ] etc.

Muitas pesquisas já apontam a presença desses processos na escrita de alunos. Vejamos o gráfico:

Gráfico 1 – Casos de monotongação e ditongação na escrita

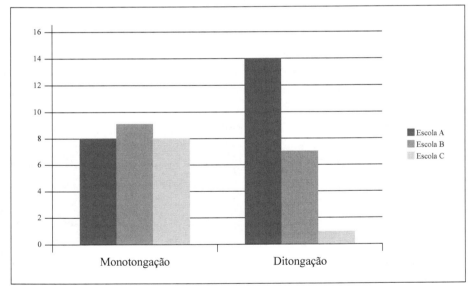

Fonte: Alves Neto e Back, 2012: 5

Alves Neto e Back (2012), por exemplo, recentemente analisaram sessenta redações escolares produzidas no sexto ano do ensino fundamental em três escolas da cidade de Criciúma (SP). Encontraram, como demonstra o Gráfico 1, 25 ocorrências de monotongação e 22 de ditongação. Tais resultados confirmam a presença desses fenômenos na escrita e apontam que a monotongação e a ditongação são evidências do *continuum* entre fala e escrita, ocasionadas por assimilações sonoras. Os autores comentam ainda outro fator que pode justificar a presença desses fenômenos na escrita: a hipercorreção, pois os falantes do português percebem fenômenos linguísticos em determinadas palavras e buscam aplicá-los em outras.

Sobre a hipercorreção, os autores citam o caso da "ditongação do [o]". Com intenção de adequar-se à variante de prestígio, alguns falantes hipercorrigem-se.[7] Nas redações analisadas por Alves Neto e Back (2012), apareceram as seguintes grafias com esse tipo de ditongação: "bouas" (= boas), "pessoua" (= pessoa) e "novou" (= novo).

Estudos de alguns casos

Partindo dos estudos dos processos de monotongação e ditongação bastante frequentes na fala, e considerando a hipótese de que a realização destes fenômenos repercute na escrita, investigamos alguns exemplos de textos públicos (cartazes e placas) encontrados nas ruas, em cidades do interior do estado de São Paulo e de Minas Gerais. Acreditamos que esses casos podem ilustrar os fenômenos presentes na escrita dos alunos em textos escolares.

Cabe mencionar que o texto escrito, segundo Bortoni-Ricardo (2005), exige a norma padrão. Entretanto, é comum a existência de dificuldades dos alunos na assimilação desta norma, gerando incorreções de ordem gramatical e ortográfica. Para analisar as dificuldades dos alunos, o professor deve passar a relativizar a dicotomia "certo/errado", proveniente da tradição normativa, e considerar outras explicações, como as provenientes de teorias linguísticas, buscando entender a inadequação presente na escrita de seu aluno.

A existência da variação (e da mudança) na língua falada, que pode ter repercussões na escrita, constitui noção fundamental para o professor trabalhar criteriosamente os obstáculos de seus alunos no que se refere à escrita. É indispensável apropriar-se do conceito de que a variação consiste na coexistência de duas ou mais formas que correspondem ao mesmo significado, que se manifestam por força de características regionais e sociais das comunidades de fala (Bortoni-Ricardo, 2006). Por isso, o professor deve estar preparado, deve entender que alguns fenômenos estão presentes na fala de seus alunos e por isso deve respeitar as variantes regionais e sociais.

Na busca de casos que exemplificassem as inadequações presentes na escrita de alunos, principalmente, os iniciantes no processo de alfabetização, encontramos os exemplos que seguem:

TEXTO I:

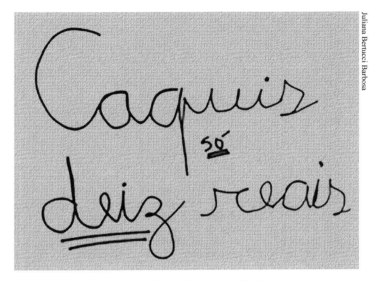

Fonte: Placa – interior do estado de São Paulo

TEXTO II:

Fonte: Placa – interior do estado de Minas Gerais

    Como podemos observar, esses exemplos ilustram o fenômeno da ditongação na escrita. Podemos ver aqui a formação de ditongos [ej] e [oj], respectivamente, nos textos I e II. Esse fenômeno está presente na modalidade falada do português brasileiro (por exemplo, Hora e Ribeiro, 2006) e acaba, muitas vezes, atingindo a escrita. Linguisticamente, conseguimos descrever que neste processo ocorre a inserção do glide ou semivogal anterior, no final de sílaba, seguido pelo arquifonema /S/,[8] contexto muito comum, como mencionado na seção anterior, que favorece o fenômeno da ditongação.

Vejamos outros exemplos, agora de monotongação:

TEXTO III:

Fonte: Cartaz – interior do estado de São Paulo

TEXTO IV:

Fonte: Cartaz transcrito conforme original – interior do estado de Minas Gerais

Como podemos observar, nos exemplos III e IV, temos o ditongo [ej] monotongando-se, perdendo a glide [j]. Esses casos ilustram a monotongação recorrente em duas situações: na primeira (Texto III), a monotongação ocorre após contexto nasal; na segunda (Texto IV), diante de fricativa, neste caso, especificamente, antes de [ʃ]. Esses exemplos, como já citado na seção anterior, foram apontados como característicos e presentes na modalidade falada do português brasileiro, como nas pesquisas de Hora e Ribeiro (2006). Esses fenômenos não se limitam à modalidade falada e já podem ser observados na escrita.

Em nossa busca por exemplos que ilustrassem fenômenos fonético-fonológicos presentes na escrita, verificamos ainda casos como a perda da nasalização (ou desnasalização), como no exemplo abaixo, em que a vogal [e] final aparece não nasalizada:

TEXTO V:

Fonte: Placa – interior do estado de São Paulo

Cabe ressaltar que existem outros tipos de desvio de escrita, como os referentes às convenções ortográficas da língua escrita, por exemplo, quando um mesmo fonema tem múltiplas representações (Cagliari, 1989). O fonema /s/, por exemplo, pode ser representado pelas letras SS, Ç, SC, S, C, SÇ, Ç, NS, X:

[s]

consciência → consiência
fizesse → fizece
descendo → decendo
ser → cer
acionado → asionado

começa → comesa
aproximar → aprosimar
consciente → consiênte
expressão → espresão
pássaro → pasaro

44 Ensino de Português e Linguística

Abaixo ilustramos o fenômeno citado:

TEXTO VI:

> *[texto manuscrito:]* Conçeito de mag. de Vidro
> Diant. Esquerdo

Fonte: Cartão – interior do estado de São Paulo

Apesar de não serem o foco deste capítulo, é importante ressaltar que esses casos também devem ser levados em consideração, tendo em vista sua recorrência em produções escritas.

Considerando que o aluno utiliza a sua fala como referência para a atividade de escrita, é comum a presença dos fenômenos fonético-fonológicos em seus textos escritos. Buscando ilustrar alguns desses casos, foram selecionados alguns exemplos de textos públicos (cartazes e placas) encontrados nas ruas, em cidades do interior do estado de São Paulo e de Minas Gerais. A partir dos dados analisados, e embasando-nos nas reflexões teóricas que nortearam este capítulo, é possível confirmar que as interferências da fala na escrita são uma constante em contextos escritos.

Destaque-se, ainda, que não se buscou com esta investigação esgotar a análise e a discussão sobre este tema, mas esperamos que as reflexões realizadas possam apontar para a necessidade de um conhecimento mais profundo, por parte do professor, sobre o funcionamento da língua no nível fonético-fonológico e sua manifestação na escrita.

Notas

[1] Entendida aqui tal como Marcuschi (2007: 32-35) denomina "perspectiva sociointeracionista".

[2] Aqui entendidas como formas alternativas de se dizer a mesma coisa, por exemplo, a pronúncia de verbos no infinitivo, em que ocorre a perda do /r/ final: "ficar" *vs.* "ficá".

[3] O *desvozeamento* de segmentos consonantais oclusivos foi apontado por Freitas (2004) como fenômeno fonético-fonológico comum em crianças na faixa etária de cinco/seis anos, que estão começando a adquirir a escrita.

[4] Collischonn (2004: 61) afirma que a *epêntese vocálica* é específica da variedade brasileira do português, pois no português de Portugal não há introdução de vogal epentética para desfazer sequências como as mencionadas por Câmara Jr. (2007: 58). Para Câmara Jr. (2007), no português, como praticamente em todas as demais línguas, a vogal é o centro silábico. Um dos problemas para a fixação das estruturas silábicas portuguesas se refere aos vocábulos de origem "erudita", como *compacto, apto, ritmo, afta* etc (2007: 58).

Meu aluno escreve "pexe"! **45**

[5] Cabe ainda lembrar que é comum, na linguagem cotidiana mais informal, a desnasalização das formas de terceira pessoa do plural, como por exemplo, "cantaro" como variante de "cantaram" (Bortoni-Ricardo, 2004), o que se torna um componente de difícil apreensão para os iniciantes na escrita.

[6] Mais informações, consultar: Callou, Leite e Coutinho, Elevação e abaixamento das vogais pretônicas no dialeto do Rio de Janeiro, *Organon*, v. 5, n. 18, pp. 71-78, 1991.

[7] Esse exemplo também é citado por Bortoni-Ricardo (2004).

[8] Quando um ou mais fonemas perdem a distinção entre si em um determinado contexto, temos a *neutralização fonêmica*. Para que possamos levar em conta em uma transcrição todas as possibilidades de pronúncia decorrentes de uma neutralização fonêmica, usamos um símbolo representativo, denominado *arquifonema*. Assim, "um arquifonema expressa a perda de contraste fonêmico, ou seja, a neutralização de um ou mais fonemas em um contexto específico" (Silva, 2003: 158). No português brasileiro, exemplos de neutralização podem ser vistos entre os fonemas /s z ʃ ʒ/ em posição final de sílaba ou palavra. Nesse caso a neutralização é representada pelo arquifonema /S/, pois ocorre a perda de contraste fonêmico de tais fonemas nesse ambiente (final de sílaba). Como exemplo podemos citar palavras como "sapo" e "zebra", que em posição inicial temos, respectivamente, a pronúncia de [s] e [z], porém esse contraste fônico de início de sílaba, entre [s] e [z], é anulado em finais de sílaba/palavra, como em "faz", "pós" e "pés". Nessas três palavras, em alguns dialetos, o som final é pronunciado apenas como [s], neutralizando-se, assim, outras possibilidades de pronúncias.

Referências

ALVES NETO, V. M.; BACK, A. C. P. Monotongação e ditongação em textos escolares: uma análise sociolinguística com ênfase no letramento. *Seminário de Pesquisa da Linha "Educação, Linguagem e Memória"*, v. 2, n. 2 (2012): II SELM – Seminário de Linha "Educação, Linguagem e Memória". Disponível em: <http://periodicos.unesc.net/index.php/SELM/article/viewFile/847/783>. Acesso em: jan. 2014.

BORTONI-RICARDO, S. M. O estatuto do erro na língua oral e na língua escrita. In: GORSKY, E. C.; COELHO, I. *Sociolinguística e ensino*: contribuições para o professor de língua. Santa Catarina: Editora UFSC, 2006, pp. 268-76.

_____. *Educação em língua materna*: a sociolinguística na sala de aula. São Paulo: Parábola, 2004.

_____. *Nós cheguemu na escola, e agora?* – sociolinguística & educação. São Paulo: Parábola, 2005.

CAGLIARI, L. C. *Alfabetização e linguística*. 10 ed. São Paulo: Scipione, 1997.

_____. Alfabetização e ortografia. *Educar em Revista*, Curitiba, 2002, vol. 20, n. 1, pp. 43-58.

CÂMARA JR., J. M. *Estrutura da língua portuguesa*. 40. ed. Petrópolis: Vozes, 2007.

COLLISCHONN, G. Epêntese vocálica e restrições de acento no português do sul do Brasil. *Signum*: estudos linguísticos, Londrina, n. 7/1, p. 61-78, jun. 2004.

DUBOIS, J. et al. *Dicionário de linguística*. 8. ed. São Paulo: Cultrix, 2001.

FREITAS, G. C. Sobre a aquisição das plosivas e nasais. In: LAMPRECHT, R. R. et al. *Aquisição fonológica do português*: perfil do desenvolvimento e subsídios para terapia. Porto Alegre: Armed, 2004, pp. 73-81.

HORA, D.; RIBEIRO, S. R. Monotongação de ditongos decrescentes: fala versus grafia. In: GORSKY, E. C.; COELHO, I. *Sociolinguística e ensino*: contribuições para o professor de língua. Santa Catarina: Editora UFSC, 2006, pp. 57-68.

KOCH, I. G. V. Hipertexto e construção do sentido. *Alfa*, São Paulo, 51 (1), 2007, pp. 22-38.

LABOV, W. *Sociolinguistics Patterns*. Philadelphia: University of Pennsylvania Press, 1972.

LABOV, William. *Padrões sociolinguísticos*. São Paulo: Parábola, 2008 [1972].

MARCUSCHI, L. A. *Da fala para a escrita*: atividades de recontextualização. 8. ed. São Paulo: Cortez, 2007.

SEARA, I. et al. *Fonética e fonologia do português brasileiro*. UFSC. 2011. Disponível em <http://goo.gl/tQy90q>. Acesso em: 28 jul. 2013.

SILVA, T. C. S. *Fonética e fonologia do português*. 9. ed. São Paulo: Contexto, 2008.

_____. *Fonética e fonologia do português*: roteiro de estudos e guia de exercícios. São Paulo: Contexto, 2003.

SIMÕES, D. *Considerações sobre a fala e a escrita*: fonologia em nova chave. São Paulo: Parábola, 2006.

ANEXO

Plano de aula

Objetivos:
- familiarizar o aluno ao processamento fonológico das palavras;
- contribuir na aquisição da consciência fonológica do aluno;[*]
- levar o aluno a reconhecer as possíveis variações linguísticas.

Conteúdos específicos:
- trabalhar os desvios de ortográficos mais frequentes na escrita dos alunos;
- verificar se os alunos apresentam desvios decorrentes da convenção da escrita (palavras grafadas com letras diferentes, nas com mesma pronuncia ou vice-versa, como "casa" e "sapo", em que temos a letra "s" com possibilidade de ser pronunciada como [s] ou [z]) ou se apresentam desvios decorrentes da influência da fala (e sua variedade dialetal) na escrita (exemplo, escrever "banero", "pexe").

Ano/Série escolar: séries iniciais do ensino fundamental I[**]

Número de aulas previstas: 3

Desenvolvimento:

<u>1º momento</u>: Aula I

Atividade I: Reconhecimento de palavras
Levar figuras que correspondem a palavras que podem sofrer monotongação ou ditongação na fala. Por exemplo, figuras ou fotos de: número **"dez"** ("deiz"), grãos de **"arroz"** ("arroiz"), um **"banheiro"** ("banhero"), um conjunto de **"pés"** ("peis"), uma **"lancheira"** ("lanchera"), uma nota de **"dinheiro"** ("dinhero"), um feixe de **"luz"** ("luiz") etc. O professor pode levar cartazes com essas figuras recortadas de revistas/jornais (ou até mesmo desenhá-las) ou projetar fotos por meio de um *datashow* ou lousa digital. Em seguida, o professor deve mostrá-las aos alunos (somente as figuras, não mostrar as palavras escritas).

---

[*] A consciência fonológica reúne vários tipos de consciências que a criança desenvolve sobre a sua própria língua, todas elas convergentes para a facilitação da aprendizagem da leitura e da escrita. Partindo das ideias dos vários autores que abordam a questão da consciência fonológica, existem diferentes formas de conhecimento fonológico. Trata-se de um conhecimento múltiplo e heterogêneo, na medida em que uma palavra pode ser analisada em unidades de diferentes níveis.

[**] As escolas de tempo integral podem aproveitar a concepção e a perspectiva do horário expandido e criar oportunidades e situações que promovam aprendizagens significativas como, por exemplo, atividades lúdicas, como as propostas neste plano de aula, que envolvem escrita, fenômenos fonético-fonológicos e variação linguística.

Pedir para que os alunos falem os nomes desses objetos. Verificar se na fala dos alunos ocorre ditongação ou monotongação (esta etapa é importante para que o professor avalie as variações de fala presentes em sala).

2º momento: (continuando Aula I)
Em seguida, dar uma folha com atividades, como a descrita a seguir (fazer uma atividade para cada uma das figuras utilizadas no momento anterior):*
Modelo de atividade: *Das palavras grafadas abaixo, sublinhe qual delas o palhaço deve escolher para escrever na carta que enviará ao seu colega que mora em outra cidade.*

( ) Deiz
( ) Des
( ) Dez

3º momento: Aula II
Após a realização desta atividade (ou ao longo da realização dela), mostre para os alunos que temos diferentes maneiras de pronunciar uma mesma palavra, mas que existe apenas uma grafia permitida (na escrita).

4º momento: Aula II
Atividade II: Após realizar a Atividade I, realizar a Atividade II, que focalizará a escrita do aluno.
a. Fazer ditados das palavras que podem sofrer ditongação ou monotongação.
b. Recolher o ditado para verificação (apenas sublinhar/apontar no texto do aluno os desvios de escrita). Na próxima aula (Aula III), devolver o ditado revisado ao aluno.

Momento final: Aula III (finalização da atividade II)
c. Ao devolver o ditado, solicite a cada aluno que: (i) verifique a escrita da palavra sublinhada pelo professor (palavras com desvios de escrita); (ii) pesquise como a palavra deve ser grafada (o professor pode levar dicionários/livros na sala de aula ou levar os alunos à sala de informática, para uso de internet); (iii) escreva em cartolina ou papel pardo as palavras do ditado, destacando com canetinha colorida ou *glitter* as palavras escritas inadequadamente (e procuradas no dicionário ou internet).

---
* Figuras do "palhaço" e do número "dez" (animado) desenhadas por Maria Cristina Bertucci.

d. Por fim, junto com os alunos, exponha os cartazes em algum local da sala de aula ou escola.

e. Após essa etapa, refletir com os alunos quais palavras tiveram mais problemas (desvios ortográficos) no ditado (a partir dos cartazes deles), mostrando as variações linguísticas e o reconhecimento de que a escrita não é a transcrição fiel da fala. Dessa forma, o professor poderá verificar o aprendizado e a compreensão dos alunos acerca do conteúdo trabalhado.

Textos/Materiais utilizados:

Atividade I: *datashow* (ou lousa digital ou cartazes) para exibição das figuras, papel (reprografia), lápis perto, borracha.

Atividade II (momento final): papel, caneta, cartolina ou papel pardo, canetinhas coloridas, cola, *glitter*, fita crepe (para colar os cartazes na parede ou lousa).

Ao final desta atividade, esperamos que o professor tenha: (a) estimulado o aluno a desenvolver a habilidade da escrita; (b) reconhecido os contextos fonológicos que contribuem para que haja os fenômenos de ditongação e monotongação; (c) refletido sobre como pode apoiar-se na competência linguística que os alunos possuem para tornar mais eficiente a aprendizagem da língua escrita; (d) levantado questionamentos acerca da relação fonologia-fonética *vs.* ortografia na aquisição da escrita.

Sugestões de leitura para o professor:

BORTONI-RICARDO, S. M. O estatuto do erro na língua oral e na língua escrita. In: GORSKY, E. C.; COELHO, I. *Sociolinguística e ensino*: contribuições para o professor de língua. Santa Catarina: Editora UFSC, 2006, pp. 268-76.

_____. *Nós cheguemu na escola, e agora?* – sociolinguística & educação. São Paulo: Parábola, 2005.

CAGLIARI, L. C. *Alfabetização e linguística*. São Paulo: Scipione, 1989.

MOLLICA, M. C. *Da linguagem coloquial à escrita padrão*. Rio de Janeiro: Letras, 2003.

SIMÕES, D. *Considerações sobre a fala e a escrita*: fonologia em nova chave. São Paulo: Parábola, 2006.

Morfo(lógica): flexão nominal

Daniel Soares da Costa

Neste capítulo, abordamos o ensino da flexão nominal no português. Observando esse tema em gramáticas tradicionais e livros didáticos, percebemos que, da maneira como é tratado, ou se apresenta o conteúdo de maneira confusa, ou simplesmente conceitos importantes para a compreensão do mecanismo flexional da língua no que diz respeito aos nomes ficam sem uma explicação mais convincente. Por exemplo, é comum encontrarmos gramáticas ou livros didáticos que apenas dizem que o plural da palavra "leão" é "leões", que o de "fácil" é "fáceis" e que o feminino de "valentão" é "valentona", no entanto, sequer mencionam os processos (morfológicos e fonológicos) que estão envolvidos na flexão dessas palavras. O resultado dessa abordagem é um processo de "decoreba", sem assimilação de conteúdo e, pior que isso, nem um pouco de reflexão linguística sobre o funcionamento da própria língua por parte do aluno. Atitudes como essa é que, muitas vezes, fazem o aluno perder o gosto pelo ensino da própria língua, fazendo-o acreditar que não conhece bem o idioma que fala. Porém, acreditamos que é possível a um aluno de ensino médio assimilar alguns conceitos de descrição estrutural do funcionamento do processo flexional dos nomes do português. Pensando nisso, analisamos diversos manuais de Morfologia, obras consagradas de descrição estruturalista do português, gramáticas descritivas, no intuito de buscarmos uma abordagem que seja compreensível em sala de aula. Trabalhando com a abordagem estruturalista, com os conceitos de *morfema*, *morfe* e *alomorfe*, pretendemos apresentar um quadro descritivo da flexão nominal do português, sintetizando aquilo que consideramos mais adequado a partir dos livros analisados. Por exemplo, Câmara Jr. (2004 [1970]) lança mão de "formas teóricas" para explicar o plural de palavras como "leão" e "fácil". Uma abordagem assim é complicada demais para a compreensão do processo por parte do aluno. Por outro lado, uma abordagem que leve em consideração o conceito de

50 Ensino de Português e Linguística

alomorfia na sua descrição, como a de Laroca (2003 [1994]), se torna mais palpável, mais fácil de assimilar. Assim, combinando ideias de diversos estudiosos do português e também dando nossa contribuição para a descrição do processo de flexão nominal, apresentaremos uma proposta de como abordar essa questão em sala de aula e nos livros didáticos, principalmente no que diz respeito ao ensino de Língua Portuguesa no ensino médio.

Conceitos básicos:
morfema, morfe, alomorfe e morfema zero

Antes de entrarmos na descrição do processo de flexão nominal propriamente, é necessária uma explicação a respeito dos conceitos básicos que estão por trás de uma descrição morfológica, mais especificamente das unidades básicas com as quais esse nível trabalha: o *morfema*, o *morfe*, o(s) *alomorfe*(s) e o *morfema zero*.

A definição mais comum de *morfema* é a de que se trata da menor unidade da língua, portadora de significado. Na definição de Bloomfield (1957 [1926]), o morfema é uma forma recorrente, com significado, que não pode ser segmentada e analisada em formas recorrentes menores, sem que o significado se perca.

Por outro lado, vale a pena destacar que a noção de morfema é abstrata, ou seja, o morfema é uma unidade que tem existência virtual, isto é, trata-se de um conceito, uma ideia, um significado, que será, posteriormente, veiculado, na superfície linguística, por uma unidade de som, o *morfe*. Para entendermos melhor essas definições de morfema e morfe, tomemos o exemplo da questão do plural nos substantivos do português.

Sabemos que pode existir a noção de número plural em substantivos que podem ser contados, por exemplo, "mulher > mulheres",[1] "casa > casas". No entanto, podemos ver, por meio desses exemplos, que não existe uma única forma para a expressão desse plural, uma vez que, no caso de "mulher", o que carreou esse significado foi o acréscimo da terminação "-es", ao passo que, no caso de "casa", essa noção de plural foi transmitida por meio do acréscimo apenas da terminação "-s". Mas, nos dois casos, o significado veiculado é o mesmo: "mais de um(a)". Sendo assim, podemos dizer que existe um *morfema de plural*, que carrega o significado de "mais de um(a)", o qual poderá ser realizado, na superfície linguística, por meio das terminações "-es", "-s", além de outras que, por ventura, possam aparecer.

Essas terminações "-es" e "-s" são, portanto, dois *morfes*, existentes na língua portuguesa, que podem dar existência real (fônica, realização como sequência sonora na língua) ao *morfema* (unidade virtual, abstrata) *de plural* dos substantivos do português.

Partindo dessa observação, entramos no conceito de *alomorfia*, que é muito importante para a compreensão da descrição estrutural da flexão nominal e de qualquer processo morfológico da língua portuguesa ou de qualquer outra língua. Quando constatamos que existe mais de um *morfe* para realizar um mesmo *morfema* (como no caso do plural descrito anteriormente), estamos na presença, então, de *alomorfes*. Sendo assim, a *alomorfia* diz respeito à existência de mais de um *morfe* para a realização de um mesmo *morfema*. Mais adiante entenderemos por que a noção de *alomorfia* é tão importante para a descrição morfológica.

Para finalizar esta parte, é necessário definirmos também o que é *morfema zero*. O *morfema zero*, representado pelo símbolo Ø, indica que um determinado significado é representado justamente pela falta de um morfe específico. Isto é, trata-se de uma ausência significativa. Por exemplo, se comparamos as palavras "autor" e "autora", sabemos que o gênero da palavra "autor" é o masculino, e o que nos indica isso é a ausência do sufixo "-a", que flexiona a palavra para o gênero feminino. Se comparamos as palavras "autor" e "autores", sabemos que o número da palavra "autor" é o singular, e o que nos indica isso é a ausência do sufixo "-es", que flexiona a palavra para o número plural. Sendo assim, sempre que a ausência de um *morfe* indicar um significado oposto ao significado assumido pelo item lexical com a sua presença, estamos diante de um *morfema zero*, mesmo que ele se refira a significados gramaticais diferentes, de gênero masculino e número singular, como nos exemplos dados. Portanto, chegamos ao significado completo da palavra "autor", considerando também a questão dos significados gramaticais de gênero e número, porque reconhecemos a ausência dos morfes "-a", de feminino, e "-es", de plural. Podemos considerar, então, dois *morfemas zero* para a palavra "autor", um Ø que indica gênero masculino e outro Ø que indica número singular.

Flexão e derivação

Apesar de estudos modernos de Morfologia (Bybee, 1985, por exemplo) tratarem flexão e derivação como uma única operação, atribuindo uma gradação ou escala ao processo morfológico dentro de um contínuo (ou seja, um processo morfológico pode "pender mais" para flexão ou para derivação, no entanto, não haveria limites intransponíveis entre as duas coisas), é possível apontar algumas características de cada um desses processos que podem contribuir para a compreensão da descrição morfológica.

52 Ensino de Português e Linguística

No processo de flexão, temos uma mesma palavra se desdobrando de forma a apresentar o acréscimo de outro significado ao significado lexical básico. Por exemplo, se tomarmos a palavra "gato", no seu sentido denotativo, temos, como significado lexical básico, "animal doméstico, felino, de pequeno porte". Ao acrescentarmos o sufixo "-s", formando, assim, o item lexical "gatos", ocorre um acréscimo de significado ao significado lexical básico. Nesse caso, continuamos falando do "animal doméstico, felino, de pequeno porte", mas acrescentamos a noção de que se trata, agora, de "mais de um" desse animal.

Já no processo de derivação, ocorre uma mudança no significado lexical e não apenas o acréscimo de um significado a ele. Tomemos como exemplo o item lexical "arroz", cujo significado poderia ser descrito como "cereal vindo de uma planta da família das gramíneas". Ao acrescentarmos a essa palavra o sufixo "-al", formando "arrozal", o significado lexical básico da palavra muda, passando a significar "a plantação, o campo de cultivo" desse cereal.

Outra característica marcante na distinção entre flexão e derivação é a de que o processo flexional no português nunca mudará a classe da palavra, ao passo que um processo derivacional não necessariamente causará esse tipo de mudança, porém pode acontecer. Por exemplo, a palavra "casa" pertence à classe dos substantivos; ao flexionarmos esta palavra no plural, formando "casas", continuamos a ter um substantivo. Já a palavra "leal" pertence à classe dos adjetivos, porém, ao criarmos a palavra "lealdade", pelo processo derivacional, ocorre a transformação de um adjetivo "leal" para um substantivo abstrato "lealdade".

Outra diferença interessante é que a flexão, na língua portuguesa, ocorre exclusivamente por meio do acréscimo de sufixos (morfes pospostos ao radical),[2] já no caso da derivação podemos ter o acréscimo de sufixos ou de prefixos (morfes antepostos ao radical). Por exemplo, tomando a palavra "feliz", que é um adjetivo, podemos formar um advérbio acrescentando o sufixo "-mente", originando a palavra "felizmente", ou podemos manter a palavra na classe dos adjetivos, dando o sentido de negação a ela com o acréscimo do prefixo "in-", originando a palavra "infeliz".

Na flexão, o número de morfemas, no caso, sufixos, disponíveis na língua é bastante restrito e esses elementos têm uma aplicação muito abrangente. Por exemplo, para indicar o plural de substantivos e adjetivos, temos os sufixos "-s" e "-es" (casa > casa+s > casas; mar > mar+es > mares), além de palavras que assumem o significado de plural, porém sem apresentarem algum tipo de marcação por segmentos fônicos (o lápis > os lápis). Essa noção de plural se aplica a todos os substantivos da língua que podem ser contados, e aos adjetivos que se relacionarem com eles.

Por outro lado, na derivação, o número de morfemas disponíveis é muito maior, além de não haver uma aplicação tão abrangente quanto à da flexão. Por

Morfo(lógica) **53**

exemplo, a partir da palavra "saltar", que pertence à classe dos verbos, podemos derivar a palavra "saltitar", com o acréscimo do sufixo "-itar". No entanto, esse sufixo não se aplica a todos os verbos, no geral, e nem mesmo a todos os verbos da mesma conjugação, no caso, primeira conjugação, conforme podemos observar por meio dos exemplos, "pular > *pulitar, correr > *corritar, cair > *caitar".[3]

Outro fator interessante é que a flexão está relacionada diretamente a um processo sintático, que é a concordância. Isso quer dizer que as palavras que se relacionam entre si na frase estabelecem concordância por meio dos significados transmitidos pelo processo flexional. Em uma frase como "O menino saiu correndo assustado", o substantivo "menino" é a palavra regente da concordância, fazendo com que todos os elementos relacionados, ligados a ela na frase (o artigo "O", o verbo "saiu" e o particípio/adjetivo "assustado") concordem com ela em número e/ou em gênero. Se a palavra escolhida, nessa frase, fosse "meninos", flexionando-se no plural, todas as outras palavras relacionadas a ela teriam que estabelecer uma concordância com ela, flexionando-se também no plural. Assim, teríamos a frase "Os meninos saíram correndo assustados".

Por sua vez, em processo derivacional não há a obrigatoriedade dessa concordância. Esse é um dos argumentos para se afirmar que o grau não se expressa por meio de um processo flexional no português, mas por um processo derivacional, uma vez que utilizar a forma do diminutivo ou do aumentativo de um substantivo em uma frase não desencadeia o processo sintático da concordância, e as palavras ligadas a esse substantivo não precisam necessariamente estar na sua forma do diminutivo ou aumentativo. Por exemplo, em uma frase como "A criança educada respeita os colegas", a palavra "criança" rege a concordância do artigo "A", do adjetivo "educada" e do verbo "respeita", já que essas palavras estão ligadas, relacionadas a ela. Se utilizamos a palavra "criança" no diminutivo, "criancinha", essas palavras relacionadas a ela não têm a obrigatoriedade de estar também no diminutivo: "*Azinha criancinha educadinha respeitinha os colegas". A frase torna-se absurda porque o artigo e o verbo não são passíveis da alteração de grau; no entanto, o adjetivo "educada" é e, mesmo assim, não há a obrigatoriedade de ser colocado no diminutivo, uma vez que poderíamos ter a frase "A criancinha educada respeita os colegas".

Flexão nominal: gênero e número

Podemos estabelecer as formas básicas da flexão nominal da seguinte maneira: para a expressão do gênero, há uma oposição entre um Ø, que indica o gênero masculino, e um sufixo "-a", que indica o gênero feminino; para a expressão do

54 Ensino de Português e Linguística

número, há a oposição entre um Ø, que indica o singular, e um sufixo "-s", que indica o plural. Essas são as formas básicas da flexão nominal, uma vez que são as mais recorrentes na língua portuguesa. No entanto, chegaremos à descrição morfológica completa da flexão nominal quando contemplarmos todos os casos de alomorfia que aparecem na língua. Para isso, apresentamos um apanhado geral dessa descrição a partir da análise dos trabalhos de alguns autores, ressaltando os pontos fortes de suas posições teóricas em relação a esse assunto e discutindo os seus pontos fracos. Além disso, na medida do possível, apontamos possíveis formas de trabalhar determinados tópicos com alunos do ensino médio.

Flexão de gênero

Antes de entrarmos na descrição morfológica da flexão de gênero em si, é necessário fazermos algumas observações em relação à expressão do gênero na língua portuguesa.

Primeiramente, é importante deixar claro para o aluno que, quando falamos em gênero masculino e gênero feminino, estamos nos referindo a uma categoria gramatical, isto é, a uma parte da teoria gramatical associada ao nível morfológico da análise linguística. Uma compreensão eficaz da descrição morfológica do gênero em uma língua só será possível se conseguirmos desvincular o significado de "gênero gramatical" da ideia de sexo dos seres. Por muito tempo, foi permitido, na escola, pela tradição gramatical normativa, que a noção de gênero gramatical se confundisse com a ideia de gênero relacionada ao sexo dos seres. Isso levou a afirmações um tanto inconsistentes, a ponto de se dizer que a palavra "mulher" é o feminino da palavra "homem", que a flexão de substantivos epicenos (substantivos que se referem a determinados animais) se dá por meio da relação do substantivo com as palavras "macho" ou "fêmea", como em "cobra macho" e "cobra fêmea".

Pensando no gênero como categoria gramatical apenas, desvinculada da ideia do sexo dos seres, pode-se perceber que a palavra "mulher" é uma palavra de gênero único, feminino, que não se flexiona em outro gênero. Percebemos isso pelo fato de que, se precisarmos escolher um artigo para acompanhar essa palavra, escolheremos sempre o artigo feminino "a" – "a mulher". O mesmo acontece com a palavra "cobra", que também é uma palavra de gênero único, feminino. Além do mais, fazer a combinação dessa palavra com as palavras "macho" ou "fêmea" não é um processo flexional, sequer um processo morfológico. Trata-se de um processo sintático, a criação de um sintagma. Afirmar que esse processo é flexão é absurdo. Mesmo colocando a palavra "macho" na frente da palavra "cobra", podemos perceber que o artigo escolhido para acompanhar o sintagma continua sendo o artigo definido "a" – "a cobra macho" –, o que quer dizer que o gênero da palavra "cobra" continua sendo feminino, mesmo a palavra se referindo a um ser do sexo masculino.

Todos os substantivos do português possuem gênero, quer se refiram a animais, que têm sexo, quer se refiram a objetos, sentimentos, abstrações etc. Assim, "faca" e "mesa" não possuem sexo, mas são do gênero gramatical feminino. Da mesma forma, "copo" e "prato" não possuem sexo, mas são do gênero gramatical masculino. Os substantivos "felicidade" e "amor" não são objetos, pois representam sentimentos, porém são, respectivamente, do gênero gramatical feminino – "a felicidade" – e masculino – "o amor".

Também há substantivos que se referem a animais ou pessoas que apresentam discrepância na relação gênero/sexo. Por exemplo, a palavra "vítima" será sempre do gênero feminino – "a vítima" –, quer se refira a um homem ou a uma mulher.

Em termos de descrição linguística é, portanto, incorreto dizer que "mulher" é feminino de "homem", como algumas gramáticas têm feito. O que se tem são duas palavras diferentes, sendo uma pertencente à categoria gramatical de gênero feminino e a outra à de masculino.

Outro fator importante que devemos apontar é que, no processo derivacional, existem alguns sufixos que trazem também, no seu significado, a noção do gênero gramatical, partindo de uma palavra do gênero masculino e derivando uma palavra que pertencerá ao gênero feminino. É o que acontece, por exemplo, com as palavras *imperador (masculino) > imperatriz (feminino), galo (masculino) > galinha (diminutivo, feminino)*. Nesses casos, ocorre a mudança do gênero gramatical da palavra, no entanto, não se trata de um processo flexional, mas de um caso de derivação.

Os substantivos e adjetivos da língua portuguesa se agrupam em conjuntos definidos por sua vogal temática nominal. Temos, na língua, palavras terminadas com a vogal temática nominal "-a" (casa, poeta, mesa), com a vogal "-e" (ponte, mestre, tenente) e com a vogal temática "-o" (livro, gato, caderno). Os adjetivos, quase que exclusivamente, se restringem às vogais temáticas "-o" e "-e" (bonito, elegante). Por fim, há, também, nomes atemáticos, que são as palavras terminadas em consoante (autor, mês, amor) e as palavras oxítonas terminadas em vogal (urubu, café, maracujá).

Feitas as observações preliminares em relação à expressão do gênero no português, entraremos, agora, na descrição morfológica da flexão de gênero nessa língua.

Na sua forma básica, podemos dizer que a flexão de gênero acontece, na língua, por meio da adjunção do sufixo "-a" à forma masculina da palavra, que funciona como a base para o processo. Isso quer dizer que partimos da palavra na sua forma masculina para chegarmos à forma feminina.

Em relação aos nomes atemáticos, ocorre apenas o acréscimo do sufixo (ou desinência) de feminino "-a" à forma de base masculina (autor > autor + a > autora).

56 Ensino de Português e Linguística

O mesmo acontece com as oxítonas terminadas em vogal, também nomes atemáticos, quando há a possibilidade de variação de gênero para a palavra (peru > peru + a > perua). Já em relação aos nomes temáticos ocorre a supressão da vogal temática nominal quando do acréscimo do sufixo "-a", de gênero feminino, à forma de base masculina, como podemos ver no diagrama a seguir.

menino   >   menino + a   >   menina

↓

supressão da vogal

temática "o"

Essa é a postura descritiva adotada por Mattoso Câmara Jr. (2004 [1970]), na sua obra *Estrutura da língua portuguesa*, com a qual concordamos e adotamos, também, para o nosso quadro descritivo da flexão de gênero do português.

No entanto, há autores que têm uma visão um pouco diferente a esse respeito. Laroca (2003 [1994]), no seu *Manual de morfologia do português*, não considera as vogais "o" e "e", de palavras masculinas, como vogais temáticas, mas como alomorfes do morfema de gênero masculino, junto com o alormofe Ø, que representa, na visão da autora, o masculino em palavras terminadas em consoante, ditongo, ou vogal tônica. Nessa visão, não ocorreria, portanto, o processo de "supressão da vogal temática", pois as palavras não teriam vogal temática. O que ocorre, então, é a opção pelos morfes possíveis para a representação do gênero da palavra ("o", "e" e Ø, como alomorfes do morfema de gênero masculino, em oposição ao morfe "a", representativo do morfema de gênero feminino).

Para Kehdi (1990), em *Morfemas do português*, as vogais átonas finais dos nomes do português podem ser desinências de gênero ou vogais temáticas. Segundo o autor, se a palavra apresenta a oposição de gênero "masculino x feminino", então a vogal átona final é desinência de gênero, marcando a escolha de um ou de outro gênero; no entanto, se a palavra não apresenta a oposição de gênero, então a vogal átona final dos nomes é vogal temática. Dessa forma, teríamos:

livro (não apresenta oposição de gênero)	=	livr + o (o = vogal temática)
carta (não apresenta oposição de gênero)	=	cart + a (a = vogal temática)
garoto (apresenta oposição de gênero)	=	garot + o (o = desinência de gênero masculino)
mestre (apresenta oposição de gênero)	=	mestr + e (e = desinência de gênero masculino)

Consideramos a postura descritiva de Mattoso Câmara Jr. mais adequada, pois simplifica a descrição a uma oposição binária de Ø x "-a", ou seja, o morfe "-a" indica o gênero feminino da palavra, ao passo que a ausência desse morfe (representada pelo Ø) indica o masculino. Se adotássemos a postura dos outros dois autores citados, aumentaríamos o número de alomorfes representativos de gênero, pois teríamos que considerar, de um lado, os alomorfes "-o, -e e Ø", para masculino, se opondo a "-a", para o feminino, o que torna a descrição mais complicada.

Descrita a forma básica da representação de gênero na língua portuguesa (Ø de masculino x "-a" de feminino), passaremos, agora, à discussão sobre as *alomorfias de gênero*.

O primeiro caso a ser apontado é o da *alternância vocálica* nas palavras *avô* x *avó*. No caso dessas duas palavras, é a mudança da qualidade da vogal (de vogal fechada "ô" para vogal aberta "ó") que é responsável pela distinção entre o gênero masculino (o *avô*) e o gênero feminino (a *avó*). Como esse é o único traço distintivo entre o gênero das duas palavras, podemos dizer que essa *alternância vocálica* é *morfêmica*.

Também temos palavras em que a *alternância vocálica* ocorre, não sendo, porém, o traço principal responsável pela distinção de gênero. É o que acontece, por exemplo, em palavras como *gostoso* (ô, fechado, em "to") x *gostosa* (ó, aberto, em "to"), *grosso* (ô, fechado, em "gro") x *grossa* (ó, aberto, em "gro"). No entanto, podemos perceber que o morfe "-a", que indica gênero feminino na língua, está presente nessas palavras (gostoso > gostoso + a > gostosa), sendo o principal responsável pela mudança do gênero. Nesses casos, a *alternância vocálica* atua como um traço secundário, um reforço para a distinção do gênero. Sendo assim, podemos dizer que, nessas palavras, temos uma *alternância vocálica submorfêmica*, já que esse não é o único nem o principal traço distintivo responsável pela indicação de gênero.

Há também palavras em que a mudança de gênero do masculino para o feminino ocorre simplesmente por meio da subtração da vogal temática da palavra na forma masculina. É o que acontece, por exemplo, com as palavras *órfão* > *órfã*, *irmão* > *irmã*.

O quarto caso de alomorfia que podemos apontar ocorre em palavras como *europeu* > *europeia*. Nesse caso, a adjunção do morfe "-a", de feminino, desencadeia alguns processos fonológicos. O primeiro deles é a *supressão da vogal temática* que, no caso dessa palavra, é o "u" final. Temos, então:

europeu   >   europeu + a   >   europea

↓

supressão da

vogal temática

Em seguida, ocorrem mais dois processos fonológicos, o da *ditongação* e, depois, a *alternância vocálica submorfêmica*, passando a vogal "e", da sílaba "pe", de fechada para aberta.

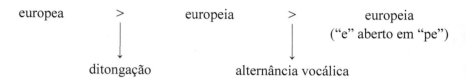

Um caso relacionado com esse, que sofre processos fonológicos diferentes, porém, é o do feminino da palavra *judeu*, que é *judia*. Ocorre a supressão da vogal temática "u", ao ser adjungido o morfe "-a" de feminino. No entanto, ao invés de ocorrer a ditongação e, posteriormente, a alternância vocálica, ocorre apenas uma mudança na vogal "e", que passa a ser "i". A esse processo damos o nome de *alteamento*, uma vez que a vogal passa de vogal-média fechada "e" para vogal alta "i".

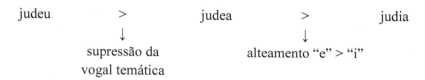

Os casos de alomorfia com as explicações mais complicadas na literatura da área dizem respeito às palavras terminadas em -ão, tanto no que se refere à flexão de gênero quanto à flexão de número. Por exemplo, o feminino da palavra *leão* é *leoa*, e o plural é *leões*. Podemos perceber que há mudanças fonológicas muito grandes, difíceis de explicar por meio da descrição de processos.

Câmara Jr. (2004 [1970]) recorre ao reconhecimento de formas teóricas, que são as formas das palavras, que não aparecem na superfície, mas que estariam na estrutura profunda da língua. Por exemplo, para explicar a formação do feminino da palavra *leão* (*leoa*), o autor diz que a forma teórica de base dessa palavra seria *leon[4] (que aparece em derivações como, por exemplo, *leonino*). Partindo dessa forma de base, então, ocorreria apenas a supressão da nasal "n" ao se adjungir o morfe "-a" de feminino.

Seguindo esse mesmo raciocínio, o autor diz que, no caso do feminino da palavra *valentão*, cuja forma teórica de base seria *valenton, não ocorre a supressão da nasal, porém ocorre um processo de ressilabificação, em que a nasal passa a formar uma nova sílaba junto com o morfe "-a" de feminino. Teríamos, então:

$$*valenton \qquad > \qquad va.len.ton + a \qquad > \qquad va.len.to.na^5$$
$$\downarrow$$
$$\text{ressilabificação da nasal "n"}$$

Reconhecemos que o recurso de Câmara Jr. a formas teóricas na base simplifica bastante a descrição morfológica, reduzindo o número de processos fonológicos que ocorrem. No entanto, acreditamos que o conceito de formas teóricas, e mesmo a busca por essas formas, na estrutura profunda da língua, seja de difícil compreensão por alunos de ensino médio. Nossa experiência com alunos de pós-graduação nos mostra que, mesmo nesse nível acadêmico, é difícil ensinar e compreender a reflexão a que chega o autor.

Por outro lado, na base da sua reflexão, podemos reconhecer o conceito de alomorfia, que é a existência de mais de um *morfe* para a realização de um mesmo *morfema*. Pensando em uma forma de explicar os processos que acontecem com a flexão de gênero e de número nas palavras terminadas em "ão", chegamos à conclusão de que, aplicando o conceito de alomorfia ao radical das palavras, chegamos à mesma descrição dos processos fonológicos desencadeados, sem precisarmos nos remeter à estrutura profunda da língua, nem forçar estudantes de nível médio a uma reflexão linguística que ainda não estão preparados para fazer. E ainda continuamos no nível superficial do funcionamento da língua, ao qual qualquer falante tem acesso, sem precisar ser um linguista formado.

Laroca (2003 [1994]) também adota essa postura descritiva, dizendo que são escolhidos radicais alomórficos para as palavras terminadas em "ão", quando flexionadas em gênero ou em número. Segundo a autora, o item lexical terminado em ditongo "ão" passa a utilizar uma base alomórfica com "õ" no lugar desse ditongo. Sendo assim, na flexão de gênero ou de número de uma palavra como *leão*, por exemplo, a forma do radical escolhida passa a ser *leõ*. A essa forma é que serão adjungidos os morfes de gênero ou de número. Podemos ilustrar esse processo com o diagrama a seguir:

$$leão \qquad > \qquad leõ \qquad > \qquad leõ + a \qquad > \qquad leoa$$
$$\qquad\qquad\quad \downarrow \qquad\qquad\qquad\qquad\quad \downarrow$$
$$\qquad\qquad\quad \text{radical} \qquad\qquad\qquad \text{perda da}$$
$$\qquad\qquad\quad \text{alomórfico} \qquad\qquad\quad \text{nasalidade}$$

No caso de palavras como *valentão*, temos, então:

Basta, então, ao aluno saber que, quando se trata de palavras terminadas em "ão", haverá uma alomorfia no radical, ou seja, o radical escolhido para fazer a flexão de gênero ou de número será diferente da forma primitiva da palavra. Assimilando esse conteúdo, o trabalho reflexivo maior fica por conta da compreensão dos processos fonológicos desencadeados, tais como a *perda* ou o *espalhamento da nasalidade*, como mostrado nos diagramas anteriormente.

O último caso de alomorfia que temos a apresentar, em relação à flexão de gênero, é o das palavras que possuem a oposição de gênero, no entanto, não apresentam um morfe que marque essa oposição. É o que acontece em palavras como *artista* (o artista > a artista), *tenente* (o tenente > a tenente), *colega* (o colega > a colega), os chamados substantivos *comuns de dois* pela gramática tradicional.

Flexão de número

Assim como fizemos em relação à flexão de gênero, é importante fazermos algumas observações preliminares em relação à expressão de número dos nomes do português antes de tratarmos da sua descrição morfológica em si.

O conceito da expressão de número trata da oposição entre "um" x "mais de um". É interessante observarmos a noção dos nomes *coletivos* na língua. As palavras que indicam *coletivo* se apresentam na forma do singular, morfologicamente, apesar de, semanticamente, passarem a ideia de plural. Por exemplo, *cardume* é uma palavra que indica coletivo e significa *um grupo de peixes, vários peixes*. Essa palavra tem, portanto, um significado que é plural (mais de um peixe), porém, morfologicamente, pertence à categoria gramatical de número singular (*o cardume*). Tal palavra pode, também, ser flexionada no plural (*os cardumes*), no entanto, seu significado passa a ser **mais de um grupo** *de peixes*.

Há, também, na língua portuguesa, palavras que funcionam como se fossem o contrário dos coletivos, ou seja, palavras que se apresentam, morfologicamente, sempre no plural, porém, semanticamente, referem-se a um conceito que é indecomponível. Como exemplos, podemos citar as palavras *núpcias*, *parabéns*, *pêsames*, *bodas*, entre outras. Há outros exemplos de palavras que são usadas somente no plural, porém, com uma nuance de significado um pouco diferente, indicando, de acordo com Câmara Jr. (2004 [1970]), *amplitude*. É o caso de palavras como *céus*, *ares*, *trevas*, *bandas* (O que o traz para essas *bandas*? Você vem de tão longe!).

O plural também pode ser usado com sentido conotativo, metafórico. É o que acontece, por exemplo, quando flexionamos, em número, nomes próprios, *Marias, Antonios, Severinos* (*Somos muitos Severinos / iguais em tudo na vida...*).[6] Nesse uso, o significado da palavra indica o agrupamento de pessoas com base em alguma característica em comum, seja de personalidade, de condição social ou qualquer outra característica que as torne semelhantes. No caso, por exemplo, de *Severinos*, que é o plural de *Severino*, nome do protagonista da história contada na obra de João Cabral, a palavra significa *o agrupamento de pessoas que estejam nas mesmas condições sociais, de vida, do protagonista*, mesmo que seus nomes verdadeiros não sejam iguais ao dele.

A flexão de número se aplica a nomes que representam elementos *contáveis*, isto é, que podem aparecer como uma unidade apenas ou como a somatória de mais de uma unidade, por exemplo, *pastel* (uma unidade apenas) > *pastéis* (mais de uma unidade, duas, três, quatro...). De acordo com Câmara Jr. (2004 [1970]), o plural também pode ser aplicado a "nomes de massa", "quantidades descontínuas", isto é, nomes que representam elementos *não contáveis*, como, por exemplo, *açúcar, farinha, leite* etc. Nesses casos, o autor diz que o significado indicará uma oposição entre "uma única qualidade ou mais de uma qualidade da substância contínua designada" (Câmara Jr., 2004 [1970]: 93). Isso quer dizer que, quando dizemos *açúcares*, estamos nos referindo a "vários tipos de açúcar: o refinado, o grosso, o mascavo etc.". O mesmo vale para *leites*, que significará "vários tipos de leite: desnatado, integral, semidesnatado, de soja, de cabra, de vaca etc.".

Feitas as observações preliminares em relação à expressão de número dos nomes em português, passemos à sua descrição morfológica.

A flexão de número, na língua portuguesa, é estabelecida por meio da oposição entre um morfe Ø (ausência da marcação de plural), que indica o número singular da palavra, e um morfe "-s", que indica o número plural da mesma palavra. Essa é a forma básica da descrição morfológica da flexão de número do português, uma vez que a grande maioria das palavras da língua se flexiona no plural por meio do acréscimo de um morfe "-s". Essa regra se aplica a palavras terminadas em vogal e em consoante nasal.

| casa (singular) | > | casa + s | > | casas (plural) |
| álbum (singular) | > | álbum + s | > | álbuns[7] (plural) |

Assim como acontece com a flexão de gênero, também temos que considerar as alomorfias relacionadas à flexão de número.

Em relação à flexão de número, ocorrem alomorfias que são fonética ou fonologicamente condicionadas e alomorfias que são exclusivamente morfológicas.

As alomorfias foneticamente condicionadas estão relacionadas à variação dialetal existente na língua portuguesa. Por exemplo, o morfe "-s", que é adjungido no final da palavra, pode ter uma pronúncia diferente dependendo da região do país de onde o falante é. Em uma palavra flexionada no plural, como *camisas*, por exemplo, o "-s" final é pronunciado chiado por falantes nascidos e criados no Rio de Janeiro. Essa pronúncia seria transcrita foneticamente da forma [kamizaʃ].

A alomorfia condicionada fonologicamente acontece na junção de duas palavras, quando a primeira estiver flexionada no plural e a segunda começar por uma vogal. Podemos citar, como exemplo, o sintagma *rosas abertas*. Um sintagma como esse é pronunciado como se fosse uma unidade só (*rosasabertas*), pois ocorre um processo de *ressilabificação* entre o "s" final de *rosas* e o "a" inicial de *abertas*, sendo que os dois sons passam a constituir uma única sílaba (*ro.sa.**sa**.ber.tas*). Além disso, ao se juntarem as duas palavras, o morfe "-s", do final de *rosas*, passa a ficar em contexto intervocálico e, assim, sofre um processo de *vozeamento*, passando a ser pronunciado como "z". O diagrama a seguir ilustra os processos:

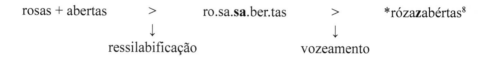

Entrando, agora, na questão das alomorfias morfológicas, o primeiro caso que vamos apresentar é o da *alternância vocálica*. Assim como ocorre na flexão de gênero de algumas palavras (*gostoso > gostósa*, por exemplo), conforme apresentamos na seção anterior deste capítulo, a flexão de número, na língua portuguesa, também provoca a abertura de vogais em algumas palavras, quando utilizadas no plural. Por exemplo, temos *corpo* (no singular, com "o" fechado em "cor") e *corpos* (no plural, com "o" aberto, *córpos*), *povo* (singular, "o" fechado, em "po") e *povos* (plural, "o" aberto, *póvos*). É importante lembrarmos que o morfe principal na marcação da flexão de número é o "-s", que é adjungido no final da palavra. A abertura das vogais, nesses casos, atua como um traço de reforço na marcação do plural das palavras, sendo, portanto, secundário. Dessa forma, podemos dizer que a *alternância vocálica* que ocorre nessas palavras é *submorfêmica*.

Na flexão de número, também temos palavras que podem ser "contadas", mas que não apresentam marcação alguma de plural, ou seja, têm a mesma forma no singular e no plural. É o que acontece, por exemplo, com as palavras *lápis* e *ourives* (o *lápis* preto > os *lápis* pretos; o *ourives* perito > os *ourives* peritos).[9] Em casos assim, para sabermos se a palavra está no singular ou no plural, é preciso observar a concordância que ela estabelece com outras palavras a ela relacionadas. No exemplo *os lápis pretos*, o que nos indica que palavra *lápis* está sendo usada com o significado de plural é o artigo que a antecede, *os*, e o adjetivo que a sucede, *pretos*, pois estão estabelecendo concordância com ela e estão no plural.

A parte mais complicada da descrição morfológica da flexão de número está relacionada com as palavras terminadas em consoante e as terminadas com o ditongo "ão", que apresentam marcação de plural. Dividiremos a explicação em três partes: (1) palavras terminadas com as consoantes "r", "s" ou "z"; (2) palavras terminadas com a consoante "l"; (3) palavras terminadas com o ditongo "ão".

Antes de entrarmos na explicação dessas ocorrências, é importante fazermos uma observação. Nesses três tipos de palavras, o morfe que indica o plural não será "-s", mas o alomorfe "-es", como em *mês* (singular) > *mês* + *es* > *meses* (plural). No entanto, é necessário dizer que "-es" é apenas a sua representação ortográfica, pois, foneticamente, esse alomorfe se realiza como [is] e, algumas vezes, aparecerá assim também na grafia, como em *animal* (singular) > *animal* + *is* > *animais* (plural).[10]

Em relação ao primeiro caso, o de palavras terminadas em "r", "s" ou "z", há diferenças entre as posturas teóricas dos diversos autores.

Câmara Jr. (2004 [1970]) recorre à explicação por meio de formas teóricas[11] para justificar a presença da vogal ("e" ou "i") entre a consoante final da palavra e o morfe "-s" de plural. Para o autor, a flexão de plural de uma palavra como *mar*, por exemplo, que é *mares*, é feita tendo, como base, na estrutura profunda da língua, uma forma teórica *mare*, que pode ser encontrada na derivação, como, por exemplo, em *maresia*. Segundo o autor, esse "e" da forma teórica não aparece no singular, mas emerge no plural. Exemplificamos com o diagrama:

mar	>	*mare	>	*mare + s	>	mares
		↓		↓		
		forma teórica		adjunção do morfe "-s"		

A vantagem dessa descrição é que não se aumentaria o número de morfes de plural. Continuaríamos tendo Ø, para singular, oposto a "-s", de plural, eliminando a existência de um alomorfe "-es". No entanto, como já dissemos anteriormente, acreditamos que uma abordagem como essa seja de difícil compreensão por alunos de ensino médio.

64 Ensino de Português e Linguística

Outra possibilidade de descrição é a que trazem Silva e Koch (1997). As autoras consideram o "e", que aparece entre a consoante final da palavra e o "-s" de plural, uma vogal epentética. Esse termo se refere a uma vogal que é inserida na palavra com o intuito de consertar as estruturas silábicas que estariam mal-formadas, isto é, em desacordo com o sistema fonológico da língua no que diz respeito à formação da sílaba. No caso do plural de palavras terminadas em "r", "s", ou "z", sem essa vogal, as sílabas teriam as terminações "rs", "ss" e "zs", que não são permitidas no português. Vejamos o diagrama:

cruz > cruz + s > cruzs > cruz + e + s > cruzes

adjunção do morfe "-s" | inserção da vogal epentética

O problema com essa perspectiva é que a vogal epentética representaria o que Rosa (2000) chama de *morfe vazio*, ou seja, seria um morfe sem um significado, o que vai contra a definição de morfema.[12] Nem é possível dizer que essa vogal seria um fonema, pois também não exerce função na distinção de significado, já que a palavra sem ela (*cruzs*) não teria significado algum. Mais uma vez, chegamos à conclusão de que a melhor saída é considerarmos o conceito de alomorfia e afirmarmos a existência de um alomorfe "-es", com realização fonética [is], para o morfema de plural das palavras terminadas em consoante.

Nesse sentido, concordamos novamente com Laroca (2003 [1994]), que considera a existência de dois alomorfes de plural, "-s" e "-es" ([is]), descartando a hipótese da vogal epentética. A flexão de número das palavras terminadas com as consoantes "r", "s" ou "z" fica da seguinte forma, então:

freguês > freguês + es > fregueses
mar > mar + es > mares
cruz > cruz + es > cruzes

adjunção do alomorfe "-es"

Tratando, agora, do segundo caso, o de palavras terminadas em "l", temos que ponderar três contextos diferentes, que vão desencadear processos fonológicos diferentes: (a) quando a palavra termina em "l", mas a vogal que antecede esse "l" é diferente de "i"; (b) quando a palavra termina em "l" e a vogal que antecede esse "l" é um "i" tônico (oxítonas terminadas em "il"); (c) quando a palavra termina em "l" e a vogal que antecede esse "l" é um "i" átono (paroxítonas terminadas em "il"). Podemos tomar, como exemplo do primeiro caso, a palavra *animal*, cujo plural é *animais*. O morfe escolhido para a flexão de plural, nesse caso (e nos outros dois também), será o alomorfe "-is" (que, ortograficamente, pode aparecer como "-es" ou "-is", porém, foneticamente, sempre será realizado como [is], com raras exceções em dialetos muito específicos). Na flexão de número dessa palavra, e das outras que apresentam esse mesmo contexto, ocorre apenas o processo fonológico de *supressão* do "l" final.[13] Vejamos o diagrama.

animal > animal + is > animais
↓
supressão do "l"

Tratando do segundo caso, o de oxítonas terminadas em "il", tomemos, como exemplo, a palavra *canil*, cujo plural é *canis*. Nesse caso, após a supressão do "l", quando da adjunção do alomorfe "-is", temos o encontro do "i" final da palavra com o "i" inicial do alomorfe e, no português, quando ocorre o encontro de duas vogais idênticas, é desencadeado o processo fonológico da *crase*, conforme podemos ver no diagrama.

canil > canil + is > can**i** + **is** > canis
↓   ∨
supressão   crase
do "l"

Por fim, podemos tomar como exemplo referente ao terceiro contexto a palavra *ágil*, cujo plural é *ágeis*. Nesse caso, quando o alomorfe "-is" é adjungido, ocorre, assim como nos outros dois casos, a supressão do "l". No entanto, ao invés de ocorrer a crase, por conta do encontro do "i" final da palavra com o "i" inicial do alomorfe, o que ocorre é um processo de *abaixamento* da vogal "i", do final da palavra, passando a se realizar como "e". Trata-se de um abaixamento, pois a vogal passa de "i" (vogal alta) para "e" (vogal média), isto é, a vogal teve seu ponto articulatório abaixado. Após o abaixamento, ocorre também, um processo de ditongação, que é a formação de um ditongo entre a última sílaba da palavra (*gi*, que passa a ser *ge*) e o alomorfe "is". O diagrama a seguir ilustra nossa explicação:

ágil > ágil + is > ági + is > áge + is > á.geis

supressão   abaixamento   ditongação
do "l"   do "i"

Para finalizarmos, falta descrevermos a formação do plural das palavras terminadas em "ão". Essas palavras formam o plural de três formas diferentes, como "cidadão > cidadãos", "pão > pães" e "limão > limões". Laroca (2003 [1994]) afirma que a forma mais recorrente, no português atual, é a última, ou seja, 95% das palavras terminadas em "ão" fazem o plural em "ões". Além disso, a autora também afirma que essa seria a única forma produtiva, o que quer dizer que, quando é formada uma palavra nova, terminada em "ão", o seu plural será, invariavelmente, em "ões". Palavras novas não fazem o plural de outra forma no português atual, de acordo com a autora.

Novamente concordamos com a proposta de Laroca (2003 [1994]) para a descrição morfológica da flexão de número desse tipo de palavra, pois a autora leva em consideração o conceito de alomorfia relacionado à base. Segundo a autora, o item lexical terminado em ditongo "ão" passa a utilizar uma base alomórfica com "õ" no lugar desse ditongo (X-ão > X-õ).[14] Vejamos o exemplo:

limão > limão + es > limõ + es > limões

adjunção do   escolha da
alomorfe "es"   base alomórfica

No caso de palavras como "cidadão > cidadãos", não ocorre nenhuma alomorfia, nem na base, nem no morfe de plural, uma vez que é escolhida a forma básica do morfema, "-s". Vejamos o diagrama:

cidadão > cidadão + s > cidadãos

adjunção do
morfe "-s"

No último caso, o de palavras do tipo "pão > pães", ocorre, assim como no primeiro caso descrito, a escolha de uma base alomórfica da palavra para a formação do plural, porém, nesse caso, a base alomórfica é terminada em "ã" e o morfe de plural escolhido é "-es". Vejamos a descrição no diagrama:

pão	>	pão + es	>	pã + es	>	pães
↓				↓		
adjunção do				escolha da		
morfe "-es"				base alomórfica		

A seguir, apresentamos dois quadros que sintetizam a descrição morfológica da flexão nominal do português atual. O primeiro é referente à flexão de gênero e o segundo é referente à flexão de número.

Quadro 1: *Flexão de gênero*

Forma básica: Masculino = Ø x Feminino = "-a"
Alomorfias:

1. *alternância vocálica morfêmica* = avô > avó
2. *alomorfia da base* = X-ão > X-õ = leão > leoa + (perda da nasalização)
   valentão > valentona (ressilabificação)
3. *subtração* = irmão > irmã
4. *ditongação com alternância vocálica* = europeu > europeia
5. *subtração com alteamento* = judeu > judia
6. *alternância vocálica submorfêmica* = gostoso > gostosa
7. *alomorfe Ø* = o artista > a artista

Quadro 2: *Flexão de número*

Forma básica: Singular = Ø x Plural = "-s"
Alomorfias:

1. *alomorfe Ø em paroxítonas terminados em "s"* = o ourives > os ourives
2. *alternância vocálica submorfêmica* = corpo > corpos
3. *"-es" (foneticamente [is])* = após consoante, exceto caso 1
   X-l > supressão do "l" (exceções: mal e cônsul)
   X-il (i tônico) > supressão do "l" + crase
   X-il (i átono) > supressão do "l" + abaixamento do "i"
4. *alomorfia da base* = X-ão > X-õ + es (**regra geral, produtiva**)
   X-ão > X-ã + es ⟶ 5% dos casos
      X-ão + s

68 Ensino de Português e Linguística

Destacamos, neste capítulo, a necessidade de uma explicação a respeito dos conceitos de *morfema*, *morfe* e *alomorfe*, básicos para a compreensão de uma descrição morfológica. Também vimos a importância de se ter claras as características que distinguem os processos de flexão e derivação.

Na descrição do processo de flexão de gênero, um dos principais fatores que geram confusão para os alunos é a associação do gênero gramatical com o sexo dos seres. Nesse sentido, a definição de gênero enquanto categoria gramatical torna-se relevante para que o aluno tenha uma boa compreensão desse processo morfológico. Os substantivos são divididos em três grupos, dependendo do comportamento morfológico que apresentam em relação ao gênero: a grande maioria deles apresenta gênero único, ou masculino, ou feminino; uma pequena parcela deles apresenta oposição de gênero, com uma marcação por meio do morfe "a"; e também há substantivos que apresentam oposição de gênero, mas não apresentam nenhum tipo de marcação, ou seja, a mesma forma é utilizada tanto para o masculino quanto para o feminino.

Em relação à flexão de número, além do conhecimento da regra geral e das alomorfias, apontamos a importância do conhecimento dos processos fonológicos que são desencadeados por esse processo morfológico, tais como: a alternância vocálica; a supressão; a crase e o abaixamento.

Por fim, é importante frisarmos que o objetivo deste capítulo não é fazer com que o professor leve toda essa nomenclatura linguística para a sala de aula para, depois, cobrar isso dos alunos em avaliações. O mais importante, em relação a esse conteúdo, é demonstrar para os alunos como esses processos funcionam, a fim de explicar que as diferentes formas de flexão resultam de diferentes mecanismos existentes na língua.

Notas

[1] O sinal ">" indica a passagem da forma de base para a forma "transformada" (flexionada, ou derivada, ou composta), ou seja, o resultado do processo, incluindo as fases, quando houver, para se chegar a esse resultado.

[2] Radical: morfema lexical que carrega o significado lexical básico, primitivo, da palavra.

[3] O * indica que a palavra é agramatical, ou seja, não existe na língua.

[4] Aqui, o * indica que se trata de uma forma teórica, que não ocorre na superfície, mas que está presente na estrutura profunda da língua.

[5] O "." indica a divisão das sílabas.

[6] Exemplo extraído da obra *Morte e vida severina*, de João Cabral de Melo Neto.

[7] A troca da letra "m" por "n", no plural, é apenas uma questão ortográfica, uma vez que, foneticamente, o que temos, na verdade, é uma vogal nasalizada (álbũ) é não uma consoante nasal propriamente. Sendo assim, as palavras que, ortograficamente, terminam com "m" podem ser agrupadas junto com as palavras terminadas em vogal, seguindo, portanto, a mesma regra de flexão.

[8] Procuramos evitar, na medida do possível, transcrições fonéticas, uma vez que o nosso intuito é que os exemplos dados neste capítulo possam ser levados para uma sala de aula de ensino médio. No caso desse exemplo em específico, optamos por uma representação ortográfica que pudesse passar a ideia das mudanças fonológicas que ocorrem em casos assim. No exemplo, os acentos gráficos (´) estão representando, além das sílabas mais fortes do conjunto, a abertura das vogais "o", de "ro", e "e", de "ber".

[9] Exemplo extraído de Câmara Jr. (2004 [1970]).

[10] Este exemplo será explicado detalhadamente mais adiante.

[11] Ver definição na seção "Flexão de gênero".

[12] Ver definição na seção "Conceitos básicos: morfema, morfe, alomorfe e morfema zero" deste capítulo.

[13] As únicas exceções são as palavras *mal* e *cônsul*, cujos plurais são, respectivamente, *males* e *cônsules*.

[14] O "X" significa "item lexical terminado em". No caso, "X-ão" (item lexical terminado em "ão") passa a utilizar uma base alomórfica "X-õ" (item lexical terminado em "õ").

Referências

BLOOMFIELD, L. A Set of Postulates for the Science of language. Language, vol. 2, n. 3, pp. 153-64. In: JOOS, M (org.) *Readings in Linguistics I*. The University of Chicago Press, 1957 [1. ed. 1926].

BYBEE, J. *Morphology:* A Study of the Relation Between Meaning and Form. Amsterdam/Philadelphia: John Benjamins, 1985.

CAMÂRA JR., J. M. *Estrutura da língua portuguesa.* 36. ed. Petrópolis: Vozes, 2004. [1. ed. 1970].

KEHDI, V. *Morfemas do português.* São Paulo: Ática, 1990. (Série Princípios).

LAROCA, M. N. C. *Manual de morfologia do português.* 3. ed. Campinas: Pontes, 2003. [1. ed. 1994].

ROSA, M. C. *Introdução à morfologia.* São Paulo: Contexto, 2000.

SILVA, M. C. P. de S.; KOCH, I. V. *Linguística aplicada ao português*: morfologia. São Paulo: Cortez, 1997.

ANEXO

Plano de aula

Objetivo: apresentar uma discussão sobre como o gênero, sendo categoria gramatical, se manifesta nas palavras da língua portuguesa.

Conhecimentos prévios necessários:
- conceitos de *morfema, morfe, alomorfe*;
- noções básicas de Sintaxe e Semântica;
- noções sobre formação de palavras: derivação.

Conteúdos específicos:
- A expressão do gênero na língua portuguesa.
- Gênero gramatical *vs.* sexo dos seres.
- Palavras de gênero único.
- Palavras com oposição de gênero.
  - Sem marcação morfológica
  - Com marcação morfológica

Ano/Série escolar: 1º, 2º e 3º anos do ensino médio

Número de aulas previstas: 2

Desenvolvimento: uma aula montada em slides e com o uso de projetor seria o ideal, pois é importante o professor mostrar vários exemplos de palavras com os diferentes tipos de expressão de gênero (gênero único, palavras com oposição de gênero, porém sem marcação, palavras como oposição de gênero e com marcação), mostrando-as, quando conveniente, dentro de um sintagma ou frase, para ilustrar melhor como o gênero também atua por meio da concordância nominal.

1º momento: deixar claro para o aluno que, quando se fala em gênero masculino e gênero feminino, referente às palavras da língua, mais especificamente aos nomes (substantivos e adjetivos), está-se referindo a uma categoria gramatical, isto é, a uma parte da teoria gramatical associada ao nível morfológico da análise linguística. Deve ficar claro que a categoria gramatical "gênero" não tem nada a ver com o "sexo" dos seres designados por determinadas palavras, pois até mesmo palavras que designam objetos que não possuem "sexo" (como "carro", por exemplo) pertencem obrigatoriamente a um "gênero" gramatical (no caso de "carro", gênero masculino "o carro"). Em alguns casos, gênero gramatical e sexo poderão coincidir (por exemplo, a palavra "mulher" designa, semanticamente, um ser humano do sexo feminino e, morfologicamente, pertence ao gênero feminino "a mulher").

2º momento: mostrar para o aluno que a maioria dos substantivos da língua portuguesa são de gênero único, aproximadamente 95% deles (o homem, a cobra, o livro, a mesa etc.) e que é incorreto dizer que a oposição de sexo seja "flexão" de gênero, como era costume se dizer que "mulher" era o feminino de "homem" e que "cabra" era o feminino de "bode". Todas essas palavras são de gênero único, cada uma com o seu.

3º momento: deve-se mostrar ao aluno que há palavras que apresentam oposição de gênero (masculino x feminino), mas que não apresentam nenhum tipo de morfema marcando essa oposição. É o que acontece com palavras como "artista", por exemplo, que é exatamente igual, quer se refira a um homem ou uma mulher (o artista > a artista). Nesse caso, podemos perceber que há a oposição de gênero, pois a escolha do artigo que acompanhará a palavra no sintagma dependerá do sexo da pessoa a que se está referindo. Se houver um adjetivo qualificando essa palavra, o gênero desse adjetivo também dependerá do sexo da pessoa a que o substantivo se refere (o artista talentoso > a artista talentosa).

4º momento: por fim, mostrar que há as palavras que apresentam oposição de gênero e também apresentam um morfema específico, que se anexará à forma do masculino da palavra, para formar o seu feminino (menino > menina; autor > autora). Esses são os casos que estão mais relacionados à Morfologia propriamente e que deverão ser discutidos mais detalhadamente em aulas futuras, apresentando-se inclusive os casos de alomorfia e os processos morfofonológicos desencadeados. Também poderiam ser apresentados, aqui, alguns casos de palavras cuja expressão de gênero é feita por meio de um processo de derivação sufixal e não por flexão, tais como "imperador (masculino) > imperatriz (feminino)", "galo (masculino) > galinha (diminutivo, feminino)".

Momento final: exercício

Separar as palavras da lista em grupos identificados pelo tipo de expressão de gênero gramatical (1- palavras com gênero único; 2- palavras com oposição de gênero, porém sem marcação morfológica; 3- palavras com oposição de gênero e com marcação morfológica; 4- palavras que apresentam mudança de gênero por derivação sufixal).

72 Ensino de Português e Linguística

aluno
amigo
anzol
atendente
atriz
autor
bananal
beijo
boiada
cachorro
cantor
cateter
colega
computador
condessa
condor
cristal
curió
dentista
eletricista

estudante
fã
funil
galinha
gerente
hangar
harém
imperatriz
intérprete
jurista
luar
menino
molecada
motorista
namorado
pedreiro
peru
professor

Resposta:

Grupo 1	Grupo 2	Grupo 3	Grupo 4
anzol	atendente	aluno	atriz
beijo	colega	amigo	bananal
cateter	dentista	autor	boiada
computador	eletricista	cachorro	condessa
condor	estudante	cantor	galinha
cristal	fã	menino	imperatriz
curió	gerente	namorado	molecada
funil	intérprete	peru	pedreiro
hangar	jurista	professor	
harém	motorista		
luar			

Textos/Material utilizado:

SILVA, M. C. P. S; KOCH, I. G. V. *Linguística aplicada ao português*: morfologia. 17. ed. São Paulo: Cortez, 2009, pp. 47-57. (texto de leitura mais acessível para os alunos)

Sugestões de leitura para o professor:

CÂMARA JR. J. M. *Estrutura da língua portuguesa*. 36. ed. Petrópolis: Vozes, 2004, pp. 81- 96. [1. ed. 1970]
_____. *Problemas de linguística descritiva*. 20. ed. Petrópolis: Vozes, 2010, pp. 59-81. [1. ed. 1971]
SILVA, M. C. P. S; KOCH, I. G. V. *Linguística aplicada ao português*: morfologia. 17. ed. São Paulo: Cortez, 2009, pp. 47-57.
CAGLIARI, L. C. *Questões de morfologia e fonologia*. Campinas: Edição do Autor, 2002, pp. 51-56.
LAROCA, M. N. C. *Manual de morfologia do português*. Campinas: Pontes; Juiz de Fora: UFJF, 1994, pp. 37-49.

É possível ensinar sintaxe a partir de textos? O estudo do período composto

Ana Carolina Sperança-Criscuolo

O estudo da sintaxe em sala de aula está, basicamente, associado à análise das funções sintáticas que exercem os constituintes do período simples, os quais adquirem estatuto oracional no período composto (orações subordinadas); ou, ainda, à análise das relações de sentido que se estabelecem entre orações que se situam num mesmo nível hierárquico (orações coordenadas). Em outras palavras, é possível afirmar que gramáticas, livros didáticos e outros materiais que servem de apoio ao ensino de Língua Portuguesa ainda trazem uma abordagem da sintaxe sob a perspectiva da estrutura linguística, privilegiando a identificação de suas características formais e sua classificação. Mesmo em obras cujos autores afirmam adotar uma postura mais reflexiva acerca dos fenômenos linguísticos, utilizando textos autênticos para sua descrição e análise, verificamos a recorrência de definições e exercícios que seguem modelos tradicionais.

O período composto – por coordenação e, especialmente, por subordinação – é um dos conteúdos gramaticais que mais suscitam insegurança e aversão, em grande parte dos alunos e, também, nos professores. Neste capítulo,[1] discutimos algumas limitações na abordagem desse conteúdo no contexto pedagógico – essencialmente apoiada na tradição gramatical – e, a partir de uma visão mais funcional da língua, apresentamos sugestões para o ensino contextualizado da sintaxe do período composto. Considerando-se que a língua é um instrumento de comunicação e que qualquer ato de enunciação é permeado por uma intencionalidade (Koch, 2011), a reflexão proposta associa as diferentes construções sintáticas, bem como as escolhas lexicais a elas relacionadas, às intenções do Falante e, consequentemente, à noção de argumentatividade presente em diversos gêneros textuais e contextos de uso da língua. Por um princípio básico do funcionalismo, a sintaxe é vista como instrumental em relação à semântica, e esta, instrumental em relação à pragmática (Dik, 1989: 7), não sendo possível abordar a sintaxe isoladamente a partir da língua em uso (abordagem esta que consta nas orientações básicas dos documentos oficiais para o ensino de Língua Portuguesa).

A abordagem tradicional e algumas limitações

Ao observarmos gramáticas tradicionais e materiais didáticos, verificamos que o principal critério utilizado na distinção entre o período composto por coordenação e o período composto por subordinação é o *grau de dependência* que se estabelece entre as orações. As orações coordenadas são sintaticamente independentes, visto que estão no mesmo nível hierárquico (todas possuem sua estrutura argumental completa);[2] as orações subordinadas, por sua vez, correspondem a constituintes da oração principal desenvolvidos em forma de orações (ou seja, fazem parte da estrutura argumental da oração principal – no caso das substantivas – ou modificam algum de seus termos – no caso das adjetivas e adverbiais); logo, possuem estatutos hierárquicos diferentes, o que configura a dependência entre elas.

Embora seja esse um critério válido, é restritivo à estrutura sintática dos períodos, além de não dar conta dos aspectos semânticos e contextuais envolvidos em sua organização. Isso acaba gerando diversos conflitos na descrição e classificação tradicional dos períodos compostos. No caso do período composto por coordenação, sua classificação acaba por "invadir" a semântica: ao atentarmos para as relações de sentido que se estabelecem entre as orações, justamente o que determina a coordenação entre elas, encontramos certa dependência que possibilita o encadeamento de ideias, a associação de ações e eventos, enfim, a progressão textual. Logo, o critério sintático da independência é insuficiente para descrever esse processo de organização do enunciado, motivado pelas relações de sentido que se estabelecem entre as orações envolvidas. O critério para a descrição das orações coordenadas é sintático, baseado no princípio da (in)dependência; porém, os critérios de classificação são sintáticos (sindéticas x assindéticas) e semânticos (aditivas, adversativas, alternativas, conclusivas, explicativas), como pode ser visto em:

Os funcionários terminaram as tarefas *e* saíram para a confraternização. → *aditiva*
As chuvas têm aumentado, *porém* não se pode deixar de economizar água. → *adversativa*
Colocaram os documentos em outro lugar *ou* alguém os retirou daqui. → *alternativa*
Os jurados são muito rigorosos, *logo* estão todos bastante nervosos. → *conclusiva*
Os pareceres foram bem justificados, *porque* ninguém se manifestou contra eles. → *explicativa*

O período composto por subordinação, que compreende construções de naturezas diferentes, também é tratado a partir de suas propriedades formais, embora a classificação das orações adjetivas e adverbiais remeta a aspectos semânticos, assim como no caso das coordenadas. Tradicionalmente, destacam-se as seguintes características dos períodos compostos por subordinação:

a. as *orações substantivas* ocupam a posição de um termo da estrutura argumental da oração principal e, nesse sentido, são as mais dependentes sintaticamente; nenhuma das orações do período pode ocorrer isoladamente,[3] e sua classificação se dá de acordo com a função sintática que assume na oração principal.

Espera-se [que todos cheguem no horário]   → *subjetiva*
Ele *viu* [que todos haviam chegado no horário].   → *objetiva direta*
Todos se *lembraram* de [que tinham compromisso].   → *objetiva indireta*
Ela tinha *certeza* de [que chegariam a um acordo].   → *completiva nominal*
A expectativa *era* [que todos tivessem aumento até fevereiro].   → *predicativa*
Ambos tinham *o mesmo sonho*: [que pudessem, enfim, ter sua casa]. → *apositiva*

É visível, nos exemplos anteriores, que as orações principais possuem sua estrutura argumental incompleta, à exceção da oração apositiva; as orações subordinadas também não apresentam autonomia sintática, tanto pela conjunção que as integra quanto pelo tempo e modo verbais, correlacionados à oração principal.

b. as *orações adjetivas*, que restringem ou especificam um nome da oração principal, possuem estatuto de adjetivo/adjunto adnominal, subordinando-se ao termo a que se referem por meio de um pronome relativo. Embora essas não possam ocorrer isoladamente, tendo em vista que seu referente está na oração principal, as principais, por sua vez, apresentam estrutura sintática completa sem a oração subordinada adjetiva, o que conduz a uma dependência mais frouxa. Ao se retirar a oração adjetiva, há certamente um prejuízo semântico na oração principal, mas não sintático.

Os *alunos* [que entregaram todos os trabalhos no prazo]   →   *restritiva*
estão dispensados da prova final.

Os *alunos*, [que entregaram todos os trabalhos no prazo],   →   *explicativa*
estão dispensados da prova final.

A tradição gramatical diferencia as orações adjetivas em restritivas e explicativas. O contorno entoacional (nível fonético) que caracteriza a oração como uma restrição ou uma explicação (aspecto semântico) é marcado, na escrita, pela ausência ou presença de vírgulas. No entanto, nada além disso é explorado no ensino, passando-se a falsa impressão de que é um recurso arbitrário (o uso ou não da vírgula) que diferencia as duas construções. A oração principal, em ambas as situações, tem autonomia sintática, visto que sua estrutura argumental é completa (*Os alunos estão dispensados da prova*).

76 Ensino de Português e Linguística

c. as *orações adverbiais*, por fim, codificam aspectos associados às circunstâncias do evento expresso na oração principal (causa, comparação, concessão, condição, conformidade, consequência, finalidade e proporcionalidade), à semelhança dos advérbios. Em termos de estrutura argumental, também são completas e, em certos casos, chegam a se confundir com o processo de coordenação (causa x explicação, por exemplo), especialmente pela natureza das relações que expressam.

Ninguém foi ao show [*porque* os ingressos esgotaram].	→ *causa*
[*Como* os ingressos esgotaram], ninguém foi ao show.	→ *causa*
Ela ajudou-me em tudo [*como* teria ajudado a um irmão].	→ *comparação*
[*Embora* estivesse muito cansada], ela compareceu à reunião.	→ *concessão*
[*Se* tudo correr bem], conseguiremos arrecadar o suficiente.	→ *condição*
Tudo foi feito [*conforme* disseram os organizadores do evento].	→ *conformidade*
O garoto estudou tanto [*que* foi aprovado no exame].	→ *consequência*
Entraram rapidamente [*para que* pudessem se sentar à frente].	→ *finalidade*
Todos puderam falar [*à medida que* a reunião prosseguia].	→ *proporcionalidade*

Um dos principais aspectos considerados na análise das orações subordinadas adverbiais, e também das orações coordenadas, é a conjunção que as introduz. As conjunções, a partir do valor semântico prototípico que possuem, acabam servindo à classificação das orações, sem que se dedique atenção às diferentes possibilidades de organização dos períodos na construção do texto. Muitas vezes, usos não prototípicos das conjunções não são explicados, passando a falsa impressão de que foram empregadas incorretamente.

Com base no exposto, ainda que se pudessem considerar unicamente critérios sintáticos na descrição e análise dos períodos compostos, tais critérios não permitiriam uma análise totalmente pacífica e objetiva dos processos de construção dos enunciados, tendo em vista as características próprias motivadas por cada contexto de uso, assim como a interação da sintaxe com aspectos dos níveis semântico, pragmático e discursivo. O critério de dependência sintática não se manifesta de uma única maneira, mas sim dentro de uma gradação, tal como se observa pelas diferentes construções e suas particularidades.

Outro aspecto não considerado pela abordagem tradicional da sintaxe é o fato de que tanto escolhas lexicais (de diferentes predicadores, por exemplo) quanto escolhas na estrutura sintática do enunciado causam alterações nos níveis semântico e pragmático e, consequentemente, produzem diferentes efeitos na interação entre os falantes, ou seja, no nível discursivo. As diferentes possibilidades de construção dos enunciados são tratadas (quando o são!) como questões de estilo. De acordo com Dik (1989: 17), qualquer diferença entre duas construções X e Y deve ser considerada partindo-se do pressuposto de que cada uma das construções serve a objetivos comunicativos específicos, o que reforça a tese da integração entre sintaxe, semântica e pragmática defendida por uma abordagem funcionalista da língua, pautada no uso. Tendo-se em vista o objetivo principal do ensino de Língua Portuguesa – proporcionar o desenvolvimento da competência comunicativa dos alunos, garantindo-lhes o acesso à leitura e à escrita eficazes (Brasil, 1997, 1998) –, levar em conta essas questões no trabalho com a sintaxe é de fundamental relevância, pois permite que o aluno perceba a importância do seu estudo, fazendo uso dos mecanismos linguísticos nas atividades de compreensão e produção textual de forma consciente e autônoma.

Nesse sentido, o foco do trabalho com a sintaxe na escola não se deve limitar à descrição e classificação dos constituintes oracionais, seja do período simples ou do período composto. Pelo contrário, a partir da observação do funcionamento desses processos e da manipulação das diferentes construções, é preciso que o professor leve o aluno a refletir sobre o impacto que suas escolhas podem ter nos textos que produz, em função de diferentes estratégias que a língua oferece; além disso, o aluno terá maior competência e autonomia na compreensão de textos, sendo capaz de identificar mais adequadamente os objetivos de seu interlocutor. De acordo com Ignácio (2001: 25), "a importância da **análise sintática** não está em se fazer a análise pela análise, mas sim em fazê-la voltar-se sempre para o objetivo principal que é permitir o domínio da língua como um todo".

Uma das maiores críticas ao ensino da gramática, em geral, é sua dissociação do texto, o que faz com que se tenha a falsa impressão de que estudar gramática é desnecessário ou, muitas vezes, incompatível com uma abordagem de ensino que toma o texto como central no processo de ensino-aprendizagem da língua materna. No entanto, há que se considerar que todo texto, seja ele oral ou escrito, formal ou informal, manifesta-se a partir dos mecanismos de funcionamento da língua – sua gramática – juntamente com o léxico.

Na tentativa de apresentar o estudo da sintaxe, foco deste capítulo, como uma ferramenta para o desenvolvimento da competência comunicativa do falante (tanto para leitura quanto para produção textual em contextos diversos), partimos da ideia de que os processos de coordenação e subordinação são básicos na arquitetura dos períodos e, consequentemente, fundamentais na tessitura do texto (Duarte, 2013: 207). Para Abreu (2003: 78), o conhecimento acerca da sintaxe oferece ao falante duas vantagens: primeiramente, tomando-se consciência dos mecanismos utilizados inconscientemente, adquire-se maior controle sobre eles; em consequência, maior versatilidade e autonomia se terá ao utilizá-los.

Aspectos pragmático-discursivos associados ao estudo da sintaxe

O grande avanço nas pesquisas linguísticas, especialmente a partir do século XX, permitiu que se considerassem, nos modelos de análise e descrição da língua, aspectos extralinguísticos ligados ao seu funcionamento. Em detrimento a abordagens focadas apenas na estrutura da língua, tais como a tradição gramatical e vertentes teóricas como o estruturalismo e o gerativismo, houve o reconhecimento de que fatores de outros níveis – motivados pelas intenções do falante e pelo contexto de uso – interagem com a forma. Abordagens funcionalistas da língua defendem a predominância de sua funcionalidade comunicativa e de fatores contextuais em relação à sua estrutura, tais como o funcionalismo holandês, a Linguística Cognitiva, a Sociolinguística, entre outras.

A seleção de determinados critérios na descrição e análise da organização e do funcionamento linguísticos se dá tanto em função da concepção que se tem de língua quanto dos objetivos estabelecidos. Tomando-se a língua como um instrumento de interação entre os falantes (Dik, 1989, 1997; Neves, 1997) e tendo-se como objetivo propor sugestões para o trabalho com a sintaxe no contexto pedagógico, selecionamos alguns conceitos dentro de uma abordagem funcionalista-cognitivista da língua, a fim de discutirmos aspectos de natureza pragmática e discursiva que se refletem na organização sintática dos períodos compostos.

Segundo Fauconnier (1994), a língua não carrega o sentido em sua totalidade, mas o guia. Logo, possui diversos dispositivos que orientam a construção dos sentidos e sinalizam os mapeamentos[4] que ocorrem nos domínios da cognição, do conhecimento do falante e do contexto. É a partir de "pistas" linguísticas que os falantes compreendem o discurso do outro e interagem entre si. Alguns exemplos desses dispositivos são:

a. *Space Builders* (construtores de espaços mentais):[5] são palavras, expressões ou construções gramaticais que criam espaços mentais (EMs) ou redirecionam o discurso para outros já existentes:

   a.1 Advérbios: "*Provavelmente*, eles serão condenados".

   a.2 Conjunções: "*Se* eles fizeram isso, deverão pagar".

   a.3 Construções complexas: "*Ele pensa que* agiu corretamente".

   a.4 Locuções prepositivas: "*Do ponto de vista dela,* ele é culpado".

b. Nomes, descrições e outros processos de referenciação (pode-se incluir aqui o processo de aposição), mais específicos e dependentes do contexto:

   b.1 "O *Lula operário* e o *Lula presidente* são pessoas diferentes".

   b.2 "O projeto do Diretor, *que foi eleito há menos de um mês*, é um dos melhores que a Instituição recebeu nos últimos anos".

c. Tempo, modo e aspecto verbais:

c.1 "Se eu *ganhar* na loteria, *comprarei* uma casa." (possibilidade)

c.2 "Se eu *ganhasse* na loteria, *compraria* uma casa." (hipótese)

c.3 "Se eu *tivesse ganhado* na loteria, *teria comprado* uma casa." (possibilidade/desejo que não se realizou)

Ao aparecer no discurso, uma expressão linguística trará informações de diversos níveis (pragmático, lexical, sintático, referencial, retórico...), marcadas por esses dispositivos. "Uma sentença em língua natural é cognitivamente complexa, porque incorpora informação e instruções de construção em todos esses diferentes níveis" (Fauconnier, 1994: XXIII).[6] No enunciado *"Eu acho que Joana, filha da secretária, embora tenha estudado em escola pública, tem condições de passar em uma universidade pública, pois é muito esforçada"*, observam-se vários espaços mentais abertos, os quais são ativados por diferentes elementos linguísticos:

- **predicador "achar"**: cria um EM que expressa uma crença do falante (Joana tem condições de passar em uma universidade pública);
- **oração subordinada substantiva objetiva direta**: expressa um conteúdo proposicional, embora esteja no modo indicativo. A expressão "ter condições de" aponta para um fato possível, o que é compatível com um EM de crença;
- **aposto**: é um EM de construção da referência do ser do qual se fala (Joana é a filha da secretária);
- **conjunção "embora"**: abre um EM de concessão, cujo pressuposto negaria o EM da crença do falante (visto que estudar em escola pública, hoje em dia, dificilmente possibilita o ingresso em uma universidade pública); esse EM também participa da construção do referente (Joana estuda em escola pública);
- **oração explicativa**: abre um EM que mostra, num nível interpessoal, o que motiva a crença – e, consequentemente, a asserção – do falante (Joana é esforçada, por isso ele acredita que ela tem condições de ingressar em uma universidade pública).

Esses são alguns exemplos de como a língua reflete os mapeamentos que se estabelecem entre os EMs, na produção dos enunciados. É interessante lembrar, porém, que nem todos os EMs são introduzidos por um elemento gramatical ou lexical explícito: até mesmo uma entoação específica pode abrir um EM criando, por exemplo, uma ironia. Como resposta ao comentário *"Ela está elegante hoje, não?"*, alguém pode dizer *"Elegantíssima!"* expressando tanto concordância quanto discordância. O que vai determinar uma ou outra interpretação é a entoação usada pelo falante (Sperança-Criscuolo, 2015: 66-67).

Toda escolha lexical e sintática tem motivações que vão além de características tipológicas, motivadas pela sintaxe ou pela semântica do enunciado. A seguir, discutiremos alguns aspectos de natureza pragmática e discursiva que se associam ao funcionamento (uso) dos períodos compostos, e que podem ser trabalhados no contexto pedagógico, de forma a associar o estudo da gramática – mais propriamente, da sintaxe – ao trabalho com o texto.

Orações subordinadas substantivas: manifestações sobre o comprometimento do falante com a informação asseverada

Ao produzir um enunciado, dentro de um discurso, o falante inevitavelmente se compromete com o conteúdo que expressa. O grau desse comprometimento pode ser definido em função do contexto, a partir da maneira como o falante adquiriu determinada informação (Casseb-Galvão, 2001; Dall'Aglio-Hattnher, 2007; Vendrame, 2005, 2010, entre outros), ou em função de como ele decide se colocar em relação a ela, considerando os objetivos que tem para com seu interlocutor.

A língua oferece diferentes formas de expressão da evidencialidade, sendo uma delas as construções complexas com orações subordinadas substantivas. A escolha do predicador da oração principal possibilita que o falante demonstre maior ou menor comprometimento, maior ou menor evidencialidade, como se pode observar pelos exemplos a seguir:

→ Ele chegou no horário.

Eu *vi* que ele chegou no horário.
Tenho certeza de que ele chegou no horário.
Eu *acho* que ele chegou no horário.
Maria *viu* que ele chegou no horário.
Maria *afirma* que ele chegou no horário.
Maria *disse* que ele chegou no horário.
Maria *acha* que ele chegou no horário.
Disseram que ele chegou no horário.
Confirmaram que ele chegou no horário.
É certo que ele chegou no horário.
É possível que ele tenha chegado no horário.
O fato é que ele chegou no horário.
A hipótese é que ele chegou no horário.

Todas as orações apresentam uma informação ligada ao mesmo evento: "ele ter chegado no horário" (expresso também por um período simples). Contudo, a escolha dos diferentes predicadores em construções complexas sugere diferentes contextos (o falante como testemunha direta do evento ou apenas tirando uma conclusão a partir de alguma evidência ou um relato), ou a intenção do falante de se comprometer mais ou menos com a informação dada (*Tenho certeza* → *Eu acho* → *É possível*). Essas escolhas abrem diferentes espaços mentais que orientam para a construção de sentidos diversos por parte do interlocutor.

Em textos jornalísticos (seja em artigos de opinião, notícias ou reportagens) e textos científicos (acadêmicos ou de divulgação científica), é bastante comum a opção por construções que diminuam o grau de subjetividade do falante, a favor do efeito de objetividade pretendido nesses domínios discursivos.

O uso de citações também é um recurso que diminui a responsabilidade do enunciador sobre a informação dada (o que corresponde a um menor comprometimento), uma vez que a divide com a fonte citada, ao mesmo tempo em que confere maior credibilidade ao texto. Essa questão pode ser abordada, em sala de aula, juntamente com o uso do discurso direto ou do discurso indireto. Citações feitas a partir do discurso direto trazem o próprio discurso do outro para o texto do falante; o discurso indireto, por sua vez, permite que o discurso do outro seja resumido (o que pode ser necessário, muitas vezes), embora apresente o risco de poder, também, ser manipulado.

(1) O último censo realizado na fundação, de 2006, já indicava que 28% dos infratores eram originários da classe média. ["Não só de classe média, mas da alta também"], *acrescenta* o promotor Thales Cezar de Oliveira, da Promotoria da Infância e da Juventude da cidade de São Paulo.[7]

(2) A química Arline Abel Acuri, pesquisadora da Fundacentro (Fundação Jorge Duprat Figueiredo de Segurança e Medicina do Trabalho) e integrante da Comissão Nacional Permanente do Benzeno, *diz* [que o composto vem sendo relacionado especialmente a leucemias e, mais recentemente, também ao linfoma].[8]

(3) Cuidado com as expectativas. Não dá pra virar a Fernanda Lima quando o espelho sempre mostrou uma silhueta de Preta Gil. Especialistas *garantem* [que todo mundo pode emagrecer para ser mais saudável, mas nem todos conseguem ser magrinhos].[9]

(4) E o que dizer do ex-governador, ex-ministro e sempre candidato presidencial Ciro Gomes? Com sua habitual fanfarronice – não tem medo de nada, nem da imprensa, nem do Ministério Público – aos palavrões acusou os colegas de não terem explicado à população a importância das cotas de passagens.

82　Ensino de Português e Linguística

Por isso, *argumentou* ["os jovens brasileiros pensam que a política é um pardieiro de pilantras, enganadores e defensores de privilégios"] – como se outra coisa fossem os protagonistas do escandaloso noticiário sobre o que se passa nos bastidores da Casa das Leis.[10]

Em (1), (2) e (3), trazer a voz de autoridades – um promotor, uma química e especialistas, respectivamente – ao assunto abordado nas reportagens confere maior credibilidade às informações apresentadas. Observamos que os verbos que introduzem suas falas, "acrescentar" e "garantir", reforçam essa busca pela credibilidade, à exceção de "dizer", considerado um verbo neutro. Ao mesmo tempo, o autor do texto diminui sua responsabilidade pelas informações, uma vez que traz dados de outras fontes. Em (4), o autor do artigo de opinião utiliza a própria fala do outro para criticá-lo, a ele e seus pares, de maneira que seu discurso ganha impacto, mas não pode ser considerado agressivo. Quem se refere à política como "um pardieiro de pilantras, enganadores e defensores de privilégios" é o outro, e não o autor do texto, diretamente.

Em textos literários essas escolhas produzem outros efeitos de sentido, confirmando a presença da argumentatividade também nesse domínio discursivo. Uma noção mais ampla desse conceito, não estritamente ligada a gêneros argumentativos por excelência, permite ampliar a análise dos fenômenos linguísticos também em contextos em que predominam a narração e a descrição. Independentemente do gênero em questão, motivações pragmáticas e discursivas motivam escolhas linguísticas. Em *Dom Casmurro*,[11] por exemplo, os verbos que introduzem as falas de Capitu, muitas vezes, orientam para a construção de sua personalidade que, de acordo com Rodrigues (2008), é de uma mulher contestadora, curiosa, inteligente, dissimulada e estrategista. À medida que insere as falas da personagem, o narrador integra características de sua personalidade.

(5)　– Mamãe, olhe como este senhor cabeleireiro me penteou; pediu-me para acabar o penteado, e fez isto. Veja que tranças!
　　– Que tem? *acudiu* a mãe, transbordando de benevolência. Está muito bem, ninguém dirá que é de pessoa que não sabe pentear.
　　– O que, mamãe? Isto? *redarguiu* Capitu, desfazendo as tranças. Ora, mamãe!

(6)　..."Dize-me, filho do homem, onde estão os teus brinquedos?" "Queres comer doce, filho do homem?"
　　– [Que filho do homem é esse?] *perguntou* Capitu agastada.
　　– São os modos de dizer da Bíblia.

– [Pois eu não gosto deles], *replicou* ela com aspereza.
– [Tem razão, Capitu], *concordou* o agregado. Você não imagina como a Bíblia é cheia de expressões cruas e grosseiras. Eu falava assim para variar... Tu como vais, meu anjo? Meu anjo, como é que eu ando na rua?
– [Não,] *atalhou* Capitu; [já lhe vou tirando esse costume de imitar os outros].

A partir desses exemplos, vê-se a possibilidade de um trabalho com a sintaxe motivado por questões pragmáticas e discursivas. O predicador da oração principal em uma construção com oração subordinada substantiva, por exemplo, codifica diferentes intenções do falante, que pode demonstrar um maior ou menor comprometimento com o que diz. A introdução da voz do outro pode ser vista como uma estratégia de comunicação e argumentação (muito além do uso do discurso direto em oposição ao discurso indireto), e frequentemente se dá por meio dessas construções; ao decidir trazer a voz do outro para seu discurso, o falante pretende, de alguma forma, usá-la para atingir seus objetivos – ou seja, argumentar, interagir com o outro.

Orações subordinadas adjetivas: a construção da referência

O processo de referenciação em um discurso tem, essencialmente, relação com o conhecimento de mundo do falante, com o conhecimento de mundo do ouvinte e com o que ambos pressupõem acerca do que o outro conhece. Logo, o enunciador irá colocar, em seu texto, as informações que julgar necessárias para atingir seus objetivos com seu interlocutor; a argumentatividade, dessa forma, se faz presente também na maneira como são construídos os referentes em uma interação, num determinado contexto e a partir da percepção e da avaliação dos interlocutores.

As orações subordinadas adjetivas constituem um dos mecanismos que a língua oferece para o processo de referenciação, considerado por Koch (2005) uma atividade discursiva. Expressões nominais utilizadas como anafóricos e apostos também participam desse processo. Tanto a escolha dos mecanismos de referência/remissão dentro de um texto, que estão diretamente ligados com a coesão, quanto a caracterização dos referentes permitem que eles sejam construídos à medida que o discurso se desenvolve. As orações subordinadas adjetivas, que caracterizam um sintagma nominal presente na oração principal, podem incluir informações de diversas naturezas, que extrapolam as noções de explicação ou restrição abordadas tradicionalmente. Vejamos:

(7) Os consumidores estão cansados de ver propagandas de compras a prazo e sem juros. Será possível mesmo uma loja vender uma mercadoria, por exemplo, em 10 prestações sem juros? Quando uma loja anuncia que vai vender um smartphone por R$ 1.000 à vista ou parcelado em 10 vezes de R$ 100, matematicamente os juros são zero. Entretanto, economicamente não. Os juros estão lá, porém não são explícitos. (...) Percebe-se que o preço à vista, *[que poderia ser mais barato]*, acaba sacrificado para poder se vender parcelado com os juros embutidos.[12]

(8) Propaganda do Dia das Mães – O Boticário[13]

Em (7) verifica-se que a oração adjetiva explicativa traz uma avaliação do falante acerca da situação apresentada no texto, reforçando a informação que quer passar ao leitor: que o preço à vista dos produtos poderia ser mais barato [uma vez que traz os juros embutidos]. O conteúdo da oração adjetiva pode ser deduzido a partir do texto; contudo, o enunciador o reforça, colocando foco naquilo que julga ser mais importante, por meio dessa construção sintática. Na propaganda de (8), a oração adjetiva restritiva ressalta o valor do produto anunciado, no sentido de mostrar que este não é um presente qualquer; para a "primeira referência de beleza" de uma pessoa – a mãe – é preciso dar um presente que também seja uma referência.

Torna-se evidente, pelos exemplos, que as orações explicativas e restritivas não são intercambiáveis quando observadas em um contexto autêntico. Nesse sentido, a comparação tradicional, em que ambas as orações são explicadas no mesmo enunciado, tem um efeito pedagógico limitado: permite compreender as noções semânticas de explicação e restrição, mas não possibilita compreender o que significam em termos pragmáticos e discursivos. Em geral, os alunos associam as orações adjetivas explicativas à presença da vírgula, e as restritivas, à sua ausência. Contudo, não conseguem trabalhar com essas noções no nível prosódico, o que traria grandes prejuízos ao trabalho com textos orais, por exemplo.

Outro aspecto importante é a noção inadequada de que as explicativas trazem uma informação "a mais", desnecessária ao texto, em comparação com as restritivas. Em termos de conteúdo semântico, de fato, as explicativas podem ser consideradas menos informativas; no entanto, participam do gerenciamento da informação, permitindo que o falante focalize determinadas informações ou mesmo acrescente sua avaliação acerca do que diz.

Orações subordinadas adverbiais: eventos em diferentes perspectivas

As orações subordinadas adverbiais (assim como as coordenadas), ao associarem eventos, permitem que o falante os coloque sob diferentes perspectivas, em função das relações que se estabelecem entre eles, e também em função do seu ponto de vista. A relação sintática mais frouxa que se estabelece entre essas orações (tal como o adjunto adverbial) dá ao falante a possibilidade de expor os eventos da maneira como melhor lhe convém, criando orientações argumentativas na interação com seu interlocutor.

De acordo com Castilho (2010), é a situação discursiva que requer a expressão de circunstâncias associadas ao evento expresso na oração principal. Nesse sentido, a maneira como o enunciador expressa essas circunstâncias – em outras palavras, a perspectiva que lhes atribui – pode sugerir diferentes objetivos e, consequentemente, orientar o discurso para diferentes considerações. É a argumentatividade presente também na maneira como as orações subordinadas adverbiais funcionam.

As relações de sentido que se expressam pelas orações adverbiais são definidas, tradicionalmente, em função da conjunção que as integra à oração principal. Logo, sua classificação é fortemente ligada ao valor prototípico dessas conjunções. Muitas vezes, os alunos se preocupam apenas em "decorar" as conjunções de cada tipo para poderem classificar as orações, sem ao menos compreenderem o conteúdo expresso no período.

Em função da maior mobilidade sintática que esta construção apresenta (dada sua natureza adverbial), as diferentes escolhas são motivadas, essencialmente, por aspectos pragmáticos e discursivos: são as intenções do falante que o farão optar por uma ou outra forma de dizer. Os períodos formados por orações adverbiais causais e consecutivas, por exemplo, podem expressar o mesmo conteúdo. Em termos informativos, possuem o mesmo valor, visto que ambos expressam a relação semântica de *causa → consequência*. Mas, em termos de perspectiva, possuem efeitos diferentes: em "Não pudemos assistir ao espetáculo, já que todos os ingressos haviam sido vendidos", a oração subordinada adverbial traz a causa do

86 Ensino de Português e Linguística

evento expresso na oração principal, considerado o foco da interação; em "Todos os ingressos para o espetáculo haviam sido vendidos, de modo que não pudemos assisti-lo", ao contrário, a oração adverbial apresenta a consequência do evento expresso na principal, alterando o foco da construção.

As orações adverbiais também podem assumir, no contexto, um sentido diverso do sentido prototípico da conjunção que as encabeça, ou mesmo é possível haver uma superposição de valores (Sperança, 2007), o que reforça a inadequação em se considerar apenas o valor da conjunção como indicador da relação de sentido que se estabelece entre as orações do período. Vejamos os seguintes trechos:

(9) A pergunta era imprudente, na ocasião em que eu cuidava de transferir o embarque. Equivalia a confessar que o motivo principal ou único da minha repulsa ao seminário era Capitu, e fazer crer improvável a viagem. Compreendi isto depois que falei; quis emendar-me, mas nem soube como, nem ele me deu tempo.
   – Tem andado alegre, como sempre; é uma tontinha. Aquilo, enquanto não pegar algum peralta da vizinhança, que case com ela...
   Estou que empalideci; pelo menos, senti correr um frio pelo corpo todo. A notícia de que ela vivia alegre, *quando eu chorava todas as noites*, produziu-me aquele efeito, acompanhado de um bater de coração, tão violento, que ainda agora cuido ouvi-lo. (*Dom Casmurro*)

(10) O debate sobre uma internet livre e igualitária está na pauta das principais democracias do mundo. Questões como o que é o serviço de internet e como ele deve ser regulado estão presentes tanto no Brasil como nos Estados Unidos, países que enfrentaram recentemente uma embaraçosa situação com os escândalos de espionagem da Agência Nacional de Segurança norte-americana, a NSA. [...] *Se no Brasil há a polêmica sobre a neutralidade da rede*, o assunto é igualmente controverso para os americanos.[14]

Em (9), a oração adverbial temporal assume, no contexto, também um valor pragmático de comparação: enquanto Bentinho chorava todas as noites, Capitu vivia alegre. Não apenas o sentido temporal é relevante – ao mesmo tempo em que ele chorava ela vivia alegre –, mas também o que isso implica no contexto da obra: estando o casal separado, como poderia ele chorar e ela viver alegre? Avançar nessas questões leva, inevitavelmente, a uma maior reflexão e compreensão do próprio texto. O exemplo (10) traz um fenômeno bastante interessante, que é a supressão da oração principal à qual se vincula a oração subordinada adverbial condicional. Os eventos expressos nesse período não estabelecem entre si uma relação de condição, ou seja, *o assunto sobre a neutralidade da rede ser controverso para os americanos* não depende de *haver polêmica sobre a neutralidade da rede no Brasil*. É possível subentender uma oração principal como: "Se no Brasil há a polêmica sobre a neutralidade da rede, [*posso dizer que*] o assunto é igualmente controverso para os americanos". O uso da oração adverbial condicional, na verdade, constitui uma estratégia discursiva a partir da qual o autor reforça o que diz, ressaltando a questão polêmica de que trata.

As orações coordenadas, assim como as orações subordinadas adverbiais, também relacionam eventos e possuem maior mobilidade no período, do que decorre grande parte das confusões que se estabelecem entre essas duas formas de organização sintática do enunciado. Além do grau de (in)dependência sintática, há que se observar também a natureza das relações expressas. Contudo, em se tratando do contexto de ensino-aprendizagem, é importante que se considere a funcionalidade destas orações em termos de comunicação, mais que a distinção e classificação delas, que nem sempre é categórica, mas se dá num *continuum* de características.

Abreu (2003) destaca a importância de se reconhecer o valor pragmático das orações, muitas vezes ligado a estratégias de atenuação ou preservação da face: "Se o falante diz 'Fernanda estudou *mas* não passou no exame', isso pode soar como uma crítica a ela. Se disser, contudo, que 'ela estudou *e* não passou', a crítica se atenua ou desaparece, ficando, de certo modo, preservada a face do falante" (2003: 130).

Não apenas a conjunção, mas também a ordem das orações pode servir como uma estratégia de atenuação. Em (11), a informação contida na oração adversativa destaca a saída do técnico da Seleção, após o "vexame contra a Alemanha":

(11) O vexame contra a Alemanha nesta terça (8) encerra a era de Luiz Felipe Scolari, 65, como treinador da seleção brasileira. Ele ainda trabalha no sábado na disputa do terceiro lugar contra o perdedor de Holanda e Argentina, *mas deixará o cargo após o Mundial.*[15]

Em (12), a inversão das orações poderia atenuar esse fato, dando ainda credibilidade ao técnico até o final do torneio:

88 Ensino de Português e Linguística

(12) O vexame contra a Alemanha nesta terça (8) encerra a era de Luiz Felipe Scolari, 65, como treinador da seleção brasileira. Ele deixará o cargo após o Mundial, *mas ainda trabalha no sábado na disputa do terceiro lugar contra o perdedor de Holanda e Argentina.*

A sintaxe, como podemos perceber, está muito mais ligada ao sentido do texto e às intenções do enunciador do que se pode ver a partir de uma abordagem tradicional, em que o foco é a identificação e a classificação das orações. De acordo com Abreu (2003: 153), é preciso compreender que o importante não é dar nomes às orações, mas observar como elas se integram dentro de um texto, no gerenciamento das informações e emoções do falante. O uso da nomenclatura apresenta-se apenas como uma ferramenta no auxílio à descrição e estudo das orações.

A língua como instrumento de interação e argumentação: a sintaxe a partir do texto

Assumir a língua como um instrumento de interação e argumentação é uma atitude fundamental para um ensino que se pretenda – efetivamente – contribuir para o desenvolvimento das habilidades comunicativas dos alunos. De acordo com Koch (2011: 17),

> A interação social por intermédio da língua caracteriza-se, fundamentalmente, pela argumentatividade. Como ser dotado de razão e vontade, o homem, constantemente, avalia, julga, critica, isto é, forma juízos de valor. Por outro lado, por meio do discurso – ação verbal dotada de intencionalidade – tenta influir sobre o comportamento do outro ou fazer com que compartilhe determinadas de suas opiniões. É por esta razão que se pode afirmar que o ato de argumentar, isto é, de orientar o discurso no sentido de determinadas conclusões, constitui o ato linguístico fundamental...

A partir dessa concepção mais ampla sobre argumentação/argumentatividade, presente em todo ato comunicativo e, portanto, não restrita a um ou outro gênero textual, defendemos um trabalho com a sintaxe voltado para o reconhecimento das intenções do falante a partir de "pistas" linguísticas: as escolhas que o falante faz no nível da língua têm motivações pragmáticas e discursivas. Compreender essas motivações leva a uma maior compreensão dos textos e, consequentemente, a um melhor uso da língua em situações de produção.

O estudo da sintaxe do período composto pode, como discutimos ao longo deste capítulo, estar associado ao trabalho com textos, tendo como principal objetivo permitir que os alunos reflitam sobre o funcionamento da língua e sobre as estratégias que ela oferece como instrumento de interação. A escolha dos predicadores das orações principais, a introdução da voz do outro por meio de orações predicadas por verbos *dicendi*, a construção de referentes, a manifestação de avaliações, a expressão de eventos sob diferentes perspectivas, a escolha de conjunções, a ordem das orações no período, enfim, todos esses dispositivos permitem ao falante organizar seu discurso a fim de gerenciar sua interação com o outro. É possível, portanto, trabalhar com a gramática a partir de textos, sem que estes sejam apenas pretextos para exercícios tradicionais de classificação.

A língua – um objeto bastante complexo – envolve diferentes níveis de organização e funcionamento, que interagem entre si. Cada um desses níveis assume um papel específico em diferentes contextos, tal como observamos a partir da sintaxe dos períodos compostos. O trabalho com a língua materna em sala de aula, longe de fragmentar a língua ou tratá-la como objeto isolado, deve partir de situações concretas e explorar seus recursos como estratégias comunicativas a serviço do falante.

Foi possível observar, ao longo deste capítulo, que o estudo da gramática, em geral, pode se dar a partir de textos, compreendendo fatores de natureza pragmática e discursiva: gramática e texto caminham juntos. Compreender o funcionamento da língua permite que o aluno tenha maior domínio sobre ela e, consequentemente, que possa ler, compreender e produzir textos mais adequadamente, tal como se prevê nos documentos oficiais para o ensino de Língua Portuguesa. O estudo dos períodos compostos, um conteúdo que causa bastante receio aos alunos e até mesmo aos professores, devido à diversidade de aspectos envolvidos, pode se dar a partir de pontos de vista transfrásticos (enunciação, argumentatividade, modalização), colocando-se foco na importância que as diferentes formas de organização sintática têm na construção dos enunciados e, especialmente, garantindo aos alunos a capacidade de organizar seus enunciados conscientemente, de forma a atingir seus objetivos na interação com o outro.

Notas

[1] Agradeço à Fundação de Amparo à Pesquisa do Estado de São Paulo (Fapesp) pela bolsa concedida em meu estágio de Pós-Doutorado realizado na Unesp (*campus* de Araraquara) – Departamento de Linguística, sob a supervisão do Prof. Dr. Antônio Suárez Abreu.

[2] Por "estrutura argumental" entende-se a estrutura virtual de termos requeridos pelo predicador (verbo, substantivo abstrato ou adjetivo) da oração (Abreu, 2003: 79).

[3] Atente-se para a inconsistência que esse critério apresenta ao se considerar a oração Apositiva, que tem estatuto de nome, por isso é uma oração subordinada substantiva, mas que atua como um especificador de um termo indeterminado presente na oração principal; embora seja fundamental para a construção do texto, a oração principal pode ocorrer sem a subordinada, sob a perspectiva de sua estrutura argumental.

[4] Esses mapeamentos, segundo Fauconnier (1994, 1997) e Fauconnier e Turner (2002), correspondem a todo e qualquer tipo de relação que contribua para a construção do discurso. Ocorrem em diversos níveis e contribuem para a elaboração dos referentes e expressão dos objetivos, do conhecimento e das intenções dos falantes.

[5] Espaços mentais (EMs) são "parcelas" de informação (que envolvem esquemas de imagem, *frames*, valores, elementos culturais, pragmáticos e linguísticos etc.) ativadas à medida que o pensamento/discurso se desenvolve (Fauconnier, 1994: 16). Em outras palavras, são conjuntos de conhecimentos/memórias do falante, associados à interação e à construção dos sentidos.

[6] No original: "*A natural language sentence is cognitively complex, because it incorporates information and building instructions at all these different levels.*"

[7] Disponível em: <http://www.estadao.com.br/estadaodehoje/20091019/not_imp452713,0.php>. Acesso em: 23 out. 2009.

[8] Disponível em: <http://www1.folha.uol.com.br/folha/equilibrio/noticias/ult263u560464.shtml>. Acesso em: 20 jul. 2014.

[9] Disponível em: <http://super.abril.com.br/alimentacao/dieta-segredo-619322.shtml>. Acesso em: 1º ago. 2014.

[10] Disponível em: <http://www.estadao.com.br/estadaodehoje/20090424/not_imp359610,0.php>. Acesso em: 27 abr. 2009.

[11] Machado de Assis, *Dom Casmurro*. Disponível em: <http://www.dominiopublico.gov.br/download/texto/bv00180a.pdf> Acesso em: 28 jan. 2014.

[12] Disponível em: <http://www1.folha.uol.com.br/colunas/carodinheiro/2014/02/1410567-a-falacia-das-compras-a-prazosem-juros.shtml>. Acesso em: 14 fev. 2014.

[13] Disponível em: <http://www.prataviera.com/blog/categoria/5_fica_a_dica/353_conhea_a_campanha_de_dia_das_mes_de_o_boticrio>. Acesso em: 1º maio 2014.
Agradecemos ao Victor Teo, Designer Gráfico e Assessor Especial da Editora Unicentro/PR, que nos auxiliou melhorando a qualidade das imagens utilizadas nos capítulos "É possível ensinar sintaxe a partir de textos? O estudo do período composto", "Aspectos semânticos, pragmáticos e discursivos da leitura de piadas" e "Metáforas, metonímias e parábolas na construção do sentido e na produção textual".

[14] Disponível em: < http://www1.folha.uol.com.br/opiniao/2014/03/1430294-daniel-arnaudo-desafios-para-a-governancada-internet.shtml>. Acesso em: 26 mar. 2014.

[15] Disponível em: < http://www1.folha.uol.com.br/esporte/folhanacopa/2014/07/1483166-apos-vexame-tite-e-o-favoritopara-assumir-selecao.shtml>. Acesso em: 10 jul. 2014.

Referências

ABREU, A. S. *Gramática mínima:* para o domínio da língua padrão. Cotia: Ateliê, 2003.
CASSEB-GALVÃO, V. C. *Evidencialidade e gramaticalização no português do Brasil*: os usos da expressão *diz que*. 2001. 231 f. Tese (Doutorado em Linguística e Língua Portuguesa) – Faculdade de Ciências e Letras, Universidade Estadual Paulista, Campus de Araraquara, 2001.
CASTILHO, A. T. *Nova gramática do português brasileiro*. São Paulo: Contexto, 2010.
DALL'AGLIO-HATTNHER, M. M. Pesquisas em sintaxe: a abordagem funcionalista da evidencialidade. In: MASSINI-CAGLIARI, G. et al. (orgs.). *Trilhas de Mattoso Câmara e outras trilhas*: fonologia, morfologia e sintaxe. Araraquara: Cultura Acadêmica, 2007.

DIK, S. *The Theory of Functional Grammar*. Part 1: The Structure of the Clause. Dordrecht – Holland/Providence ri – usa: Foris Publications, 1989.

_____. *The Theory of Functional Grammar*. Part 2: Complex and Derived Constructions. Ed. By Kees Hengeveld. Berlin/ New York: Mouton de Gruyter, 1997.

DUARTE, M. E. Coordenação e subordinação. In: VIEIRA, S. R.; BRANDÃO, S. F. (orgs.). *Ensino de gramática*. Descrição e uso. 2. ed. São Paulo: Contexto, 2013.

FAUCONNIER, G. *Mental Spaces*. Cambridge: Cambridge University Press, 1994.

_____. *Mappings in Thought and Language*. Cambridge: Cambridge University Press, 1997.

_____; TURNER, M. *The Way We Think*. Conceptual Blending and the Mind's Hidden Complexities. New York: Basic Books, 2002.

IGNÁCIO, S. E. *Análise sintática em três dimensões*. Uma proposta pedagógica. Franca: Ribeirão Gráfica e Editora, 2001.

KOCH, I. V. G. Referenciação e orientação argumentativa. In: KOCH, I. V. G.; MORATO, E. M.; BENTES, A. C. (orgs.). *Referenciação e discurso*. São Paulo: Contexto, 2005.

_____. *Argumentação e linguagem*. 13. ed. São Paulo: Cortez, 2011.

NEVES, M. H. M. *A gramática funcional*. São Paulo: Martins Fontes, 1997.

RODRIGUES, T. M. B. Jornalismo e literatura: os protagonistas do discurso pelos verbos dicendi. In: XII Congresso Nacional de Linguística e Filologia. 2008, Rio de Janeiro. *Textos Completos do XII Congresso Nacional de Linguística e Filologia*. Rio de Janeiro, 2008. Disponível em: <http://www.filologia.org.br/xiicnlf/textos_completos/ Jornalismo%20e%20literatura-%20os%20protagonistas%20 do%20discurso%20 pelos%20verbos%20dicendi%20-T%C3%82NIA.pdf>. Acesso em: 16 mar. 2010.

SPERANÇA, A. C. *Incompletudes da abordagem tradicional e suas implicações no ensino/aprendizagem da língua*: um recorte sobre as relações de coordenação e subordinação nos períodos compostos. 2007. Dissertação (Mestrado em Linguística e Língua Portuguesa) – Unesp / Universidade Estadual Paulista. Campus de Araraquara.

SPERANÇA-CRISCUOLO, A. C. *Orações subordinadas substantivas sob uma perspectiva funcionalista-cognitivista*: uma proposta de descrição e ensino. 2011. 155f. Tese (Doutorado em Linguística e Língua Portuguesa) – Faculdade de Ciências e Letras, Universidade Estadual Paulista, Araraquara.

_____. *Funcionalismo e cognitivismo na sintaxe do português*. Uma proposta de descrição e análise de orações subordinadas substantivas para o ensino. São Paulo: Editora Unesp, 2015.

VENDRAME, V. *A evidencialidade em construções complexas*. 2005. Dissertação (Mestrado em Análise Linguística) – Instituto de Biociências, Letras e Ciências Exatas, Universidade Estadual Paulista, São José do Rio Preto.

_____. *Os verbos ver, ouvir e sentir e a expressão da evidencialidade em língua portuguesa*. 2010. 173 f. Tese (Doutorado) – Instituto de Biociências, Letras e Ciências Exatas, Universidade Estadual Paulista, São José do Rio Preto.

ANEXO
Plano de aula

Objetivos:
- levar o aluno a refletir sobre o papel das citações em um texto, sob a perspectiva das intenções do enunciador;
- discutir as diferentes formas de inserção da voz do outro, colocando foco nas escolhas lexicais e sintáticas;
- demonstrar que as escolhas linguísticas são motivadas, em grande parte, pelas necessidades do falante e pelo contexto.

Conteúdos específicos:
- objeto direto; oração subordinada substantiva objetiva direta;
- verbos *dicendi*;
- discurso direto x discurso indireto.

Ano/Série escolar: 9º ano do ensino fundamental e 1º, 2º e 3º anos do ensino médio

Número de aulas previstas: 3

Desenvolvimento:

1º momento:
O professor deverá selecionar diferentes textos que apresentem citações: artigos de opinião, notícias, reportagens, textos de divulgação científica. Em seguida, os alunos serão divididos em grupos, de forma que cada grupo fique com um texto diferente para discutir o papel das citações no respectivo gênero.

Cada grupo deverá apresentar à sala o que destacou sobre a importância das citações no texto analisado. O professor orientará as discussões, destacando aspectos como a busca de credibilidade às informações apresentadas no texto, a intenção do autor de demonstrar maior ou menor comprometimento com as informações, a fonte citada etc. É um momento em que o professor poderá, também, falar sobre as características gerais e os contextos de circulação de cada gênero apresentado.

2º momento:
Na sequência, o professor irá direcionar a aula para o estudo das estratégias linguísticas utilizadas para a inserção da voz do outro em um texto. Para isso, deverá destacar os trechos correspondentes (lousa ou projetor), de forma que os alunos possam acompanhar e grifar também em seus textos, fazendo anotações.

O professor deverá selecionar as citações do texto, destacando os verbos utilizados para inseri-las (verbos *dicendi*). Nesse momento, deverá chamar a atenção dos alunos para os efeitos de sentido causados pelo uso de verbos mais neutros (*dizer, falar...*) ou verbos como *garantir, confirmar, argumentar, defender* e outros que os alunos tenham apresentado. Além das construções com orações subordinadas substantivas, há expressões utilizadas para citar o outro: *Segundo X... Para Y... De acordo com Z...*

Outro aspecto importante a ser tratado é o uso do discurso direto e do discurso indireto: os alunos perceberão que o discurso do outro (a citação) ocupa a posição de uma oração subordinada substantiva objetiva direta, em relação à oração principal formada pelo verbo *dicendi* (já discutido com os alunos). O professor pode retomar, brevemente, o conceito de objeto direto, associando-o à sua forma oracional (a oração subordinada substantiva objetiva direta).

O discurso direto, pelo qual o enunciador traz as próprias palavras do outro a seu texto, pode apresentar maior confiabilidade (no caso de um texto científico) ou menor comprometimento do enunciador (no caso de uma notícia); o discurso indireto, por sua vez, permite que se resuma a fala do outro colocando foco no que é mais relevante, mas também oferece a possibilidade de manipulá-la. Essas questões estão relacionadas às escolhas linguísticas realizadas no texto, logo devem estar associadas a exemplos dos textos trabalhados com os alunos.

3º momento:

A fim de que os alunos trabalhem com os conceitos discutidos de forma concreta, o professor deverá levar alguns exercícios que lhes permitam manipular a língua, tais como:

1. Reescreva os trechos a seguir, colocando as citações diretas em discurso indireto. Faça as alterações necessárias.

   a. Menezes, da Casal, confirmou a situação de inadimplência da estatal, mas criticou os cortes de energia. Segundo ele, a suspensão no fornecimento pela Eletrobrás foi realizada "para pressionar" o pagamento da dívida. *"Reconheço a situação de inadimplência, mas a Eletrobrás quer que a gente pague tudo de vez. Não há condições, é preciso negociar", disse.* (Texto 1)

   b. Já Pedro Henrique Santoro, 10, parou de ver o jogo na metade e decidiu ler o livro *Diário de um Banana* para não assistir mais à goleada. Mas a mãe do menino acha que a derrota pode trazer ensinamento aos filhos. "É bom para que se aprenda a lidar com a tristeza", acredita. Essa também é a opinião de psicólogos e educadores. *"É preciso lidar com naturalidade [com derrotas]. Não dá para substituir ou suprimir a frustração da criança. É na infância que se constrói a forma de lidar com os sentimentos.*

94   Ensino de Português e Linguística

> *Não se pode privá-las de sentir coisas tristes", diz Andrea Jota, 35, pedagoga.* (Texto 3)

Neste exercício, é importante que os alunos consigam perceber que o uso do discurso direto e do discurso indireto não é apenas uma questão de estilo; é importante que percebam os diferentes efeitos de sentido que geram no texto.

2. Identifique os verbos que introduzem a voz do outro no texto a seguir (Texto 2). Comente os efeitos de sentido e pressupostos associados à escolha desses verbos. [Verbos utilizados no texto: *afirmar, salientar, dizer...*]

Este texto é apenas uma sugestão. O professor poderá selecionar quaisquer outros textos para que os alunos observem os verbos escolhidos para a inserção de citações. O professor poderá propor a atividade em grupos, em que cada grupo fará a análise de um texto diferente.

3. Observe os enunciados a seguir. Que diferenças você percebe em relação ao grau de certeza/incerteza do falante sobre a informação apresentada? Que "pistas linguísticas" nos permitem observar essas diferenças?

    a. *Disseram* que João arrumou um novo emprego.
    b. Ontem encontrei Joaquim e *ele disse*: "João arrumou um novo emprego".
    c. *Eu vi* que João arrumou um novo emprego.
    d. *Acho* que João arrumou um novo emprego.
    e. *É provável* que João tenha arrumado um novo emprego.
    f. *O fato é* que João arrumou um novo emprego.

Espera-se que os alunos, a partir desse exercício, percebam os diferentes sentidos associados às diferentes construções sintáticas (orações objetivas diretas, subjetivas, predicativas) e aos diferentes predicadores (achar, ouvir, ver...). Em continuidade a estas aulas, em que o foco são as objetivas diretas predicadas por verbos *dicendi*, o professor poderá trabalhar características das demais orações subordinadas substantivas, sempre as associando aos seus diferentes efeitos de sentido.

Momento final: avaliação

O fechamento dessas aulas será a produção de um pequeno texto. A partir de um tema cotidiano (racionamento de água, propina na Petrobras, Copa do Mundo no Brasil...), o professor deverá solicitar aos alunos que produzam um texto posicionando-se com maior ou menor comprometimento, utilizando-se dos mecanismos estudados. Após a leitura dos textos, o professor poderá selecionar alguns e pedir que os alunos apresentem aos colegas, explicando os recursos linguísticos utilizados.

Textos/Material utilizado:

Texto 1: Disponível em: <http://www1.folha.uol.com.br/cotidiano/2014/05/1452810-eletrobras-corta-energia-de-estatal-e-cincocidades-ficam-sem-agua-em-al.shtml>. Acesso em: 11 maio 2014.

Texto 2: Disponível em: <http://www1.folha.uol.com.br/poder/2014/05/1451950-barbosa-nega-pedido-de-trabalho-externo-a-jose-dirceu.shtml>; Acesso em: 09 maio 2014.

Texto 3: Disponível em: <http://www1.folha.uol.com.br/esporte/folhanacopa/2014/07/1483211-criancas-sofrem-com-derrota-psicologos-dizem-que-passar-pela-tristeza-pode-ser-bom.shtml>. Acesso em: 09 jul. 2014.

Sugestões de leitura para o professor:

ABREU, A. S. *Texto e gramática*. Uma visão integrada e funcional para a leitura e a escrita. São Paulo: Melhoramentos, 2012.

GASPARINI BASTOS, S. D.; DALL'AGLIO-HATTNHER, M. M.; GONÇALVES, S. C. L. As orações subordinadas substantivas em função de sujeito: questões sobre o ensino. Universidade Federal de Uberlândia: EDUFU. *Revista Letras & Letras*, v. 29, n. 2, 2013.

SPERANÇA-CRISCUOLO, A. C. Sintaxe das orações complexas em português: uma proposta de descrição e ensino. *Revista Alfa*, São Paulo, 57 (2), 2013, pp. 495-518.

Aspectos semânticos, pragmáticos e discursivos da leitura de piadas

Marina Célia Mendonça

Os gêneros do discurso e suas relações com o ensino/aprendizagem de Língua Portuguesa têm sido objeto de discussões acadêmicas e propostas pedagógicas há cerca de duas décadas no Brasil, em especial após a publicação dos Parâmetros Curriculares Nacionais (Brasil, 1997; 1998; 2000a; 2000b). A grande quantidade de trabalhos resultante dessas discussões e propostas reflete a importância da questão na escola brasileira contemporânea. É nesse contexto que se insere este capítulo: nosso objetivo é apresentar subsídios para uma ampliação dos estudos dos gêneros do discurso em sala de aula, em especial nos aspectos que podem contribuir para atividades de leitura/interpretação de textos, ou seja, nos aspectos semânticos, pragmáticos e discursivos. Consideramos que as atividades de leitura, na escola, devem ser desenvolvidas tendo em vista os gêneros do discurso a serem lidos – neste capítulo, apresentamos caminhos para trabalho com leitura de piadas.

O texto e os gêneros do discurso no centro das atividades de ensino/aprendizagem

A ideia de que o texto deve ser o centro das atividades de ensino está presente em documentos nacionais direcionados à educação básica. Os Parâmetros Curriculares Nacionais de Língua Portuguesa direcionados ao terceiro e quarto ciclos do ensino fundamental afirmam que "[...] a unidade básica do ensino só pode ser o texto." (Brasil, 1998: 23). Nos Parâmetros direcionados ao ensino médio, encontramos a ideia de que o texto é o centro das reflexões sobre a linguagem: "A unidade básica da linguagem verbal é o texto [...]." (Brasil, 2000a: 18).

98 Ensino de Português e Linguística

Assim, o objetivo das aulas de Língua Portuguesa, segundo a proposta desses documentos, é desenvolver o *uso* da linguagem, fazendo do *texto* o eixo das atividades de produção linguística (oral/escrita), "recepção" (leitura/interpretação/compreensão) e análise linguística. Se considerarmos as questões relativas à leitura/interpretação, que nos interessam diretamente neste capítulo, podemos destacar o seguinte entre as propostas didático-pedagógicas desses documentos:

> [...] as propostas de transformação do ensino de Língua Portuguesa consolidaram-se em práticas de ensino em que *tanto o ponto de partida quanto o ponto de chegada é o uso da linguagem*. Pode-se dizer que hoje é praticamente consensual que as práticas devem partir do uso possível aos alunos para permitir a conquista de novas habilidades linguísticas, particularmente daquelas associadas aos padrões da escrita, sempre considerando que:
> • a razão de ser das propostas de leitura e escuta é a compreensão ativa e não a decodificação e o silêncio [...]. (Brasil, 1998: 18-19; grifo nosso)

A linguagem aparece várias vezes nesses documentos associada à noção de diálogo, a que a *compreensão ativa* da citação anterior remete. A leitura e escuta, nessa perspectiva, são tomadas como processos interativos e/ou discursivos – o diálogo coloca em relação autor e leitor, a história que os constitui e a história que constitui a atividade de leitura/escuta.

Podemos dizer que os documentos citados incorporam estudos de Bakhtin sobre os gêneros do discurso, em especial os presentes no texto "Os gêneros do discurso" (Bakhtin, 2000); eles propõem que os gêneros do discurso, em sua diversidade composicional, estilística e temática, sejam *objeto de ensino*:

> Os textos organizam-se sempre dentro de certas restrições de natureza temática, composicional e estilística, que os caracteriza como pertencentes a este ou aquele gênero. Desse modo, a noção de gênero, constitutiva do texto, precisa ser tomada como objeto de ensino. Nessa perspectiva, é necessário contemplar, nas atividades de ensino, a diversidade de textos e gêneros, e não apenas em função de sua relevância social, mas também pelo fato de que textos pertencentes a diferentes gêneros são organizados de diferentes formas. (Brasil, 1998: 23)

As formas como os gêneros e os textos foram incorporados nas atividades de ensino/aprendizagem são os tópicos das discussões que citamos no início deste capítulo. Aqui, assumimos um posicionamento frente a essas discussões: é o objetivo do professor, em relação com as necessidades/interesses de seus alunos, que deve orientar as atividades pedagógicas. Assim, se o objetivo for desenvolver a habilidade de leitura/escuta dos alunos, nossas sugestões são:

1. Que o professor tenha o texto como centralidade nas suas aulas de leitura/escuta;
2. Que os textos sejam entendidos como pertencentes a um gênero do discurso;
3. Que o professor aproveite, em suas aulas, contribuições de diversas áreas da Linguística que se dedicam ao *sentido* dos textos, tomando-se aqui *sentido* de forma ampla, englobando os aspectos linguísticos, cognitivos, sociais e históricos que interferem na produção de sentido;
4. Que a leitura de um texto motive outras práticas de *leitura-escrita-análise linguística* ou *escrita-análise linguística-leitura* ou *leitura-análise linguística-escrita* (não interessa aqui a ordem dessas práticas, o importante é a ideia de que as aulas de Língua Portuguesa se constituem de práticas de leitura, escrita e análise linguística).

Dessa maneira, as aulas de leitura/escuta não se constituiriam como espaço de "ensino/aprendizagem de um gênero do discurso", em que se toma gênero como conteúdo de ensino (Geraldi, 2010). As aulas de leitura/escuta, nesse caso, seriam situações em que se leem/interpretam efetivamente textos, em que se estudam aspectos relevantes para a produção de sentido desses textos que motivam outras leituras, análises linguísticas, práticas de escrita, leituras, práticas de escrita, análise linguística etc. É considerando isso que, a seguir, apresentamos algumas reflexões teóricas sobre os gêneros do discurso, segundo perspectiva desenvolvida por estudos bakhtinianos do discurso, e sobre aspectos semânticos/pragmáticos/discursivos importantes para a interpretação do gênero do discurso *piada*. Ao mesmo tempo, são apresentadas sugestões de uso desse conhecimento teórico em atividades de interpretação desse gênero.

Os gêneros do discurso

Bakhtin (2000) propõe que a unidade de estudo da linguagem seja o enunciado, entendido como uso linguístico concreto. Propomos aqui chamar de *texto* o que Bakhtin chama de *enunciado*, por ser a forma como essa proposta teórica aparece nos PCN.

Assim, entendemos *texto* como *evento dialógico*, pois é uma resposta a enunciados já ditos e uma projeção da resposta dos interlocutores, imediatos ou não. Dessa maneira, o texto é compreendido como integrando uma cadeia de enunciados – essa é uma forma de considerar que o texto faz parte de uma história. Outra

100 Ensino de Português e Linguística

forma de entender a historicidade do texto, em relação com o fato de ser dialógico, é considerar que tanto autor quanto leitor têm uma história (há uma história do autor que interfere no sentido do texto e outra história do leitor que interfere nos sentidos que atribui ao texto). Há também uma história da interação em que se dá a leitura/escuta que interfere na produção de sentido do texto (leitura/escuta com o professor? Em sala de aula? É leitura individual ou coletiva? A leitura/escuta será cobrada em avaliação? etc.). Há ainda a história mais ampla que faz com que se produzam sentidos nos textos (o momento histórico da leitura/escuta, os valores ideológicos que são predominantes nesse momento histórico etc.).

O texto, entendido como *evento dialógico* (e histórico), só faz sentido quando na interação verbal, no uso concreto. Assim, seu sentido é provisório, porque produzido em determinado contexto, com determinados leitores. O sentido do texto, nessa perspectiva, não depende somente de fatos linguísticos (semânticos), mas também de fatos pragmáticos e discursivos (que se relacionam com o uso da linguagem).

É no interior desse quadro teórico[1] que se produz a noção de gêneros de discurso, "tipos relativamente estáveis de enunciados" no que diz respeito à forma composicional, ao tema e ao estilo.

Uma razão para entendermos os gêneros do discurso como relativamente estáveis é o fato de que se relacionam não só com o *já dito* (uma modalidade de diálogo que mobiliza uma memória, fator de relativa estabilização do gênero), mas também com o *porvir* (uma possível resposta do interlocutor, entendida por Bakhtin como *memória do futuro*, que é um fator de instabilidade do gênero porque depende do acontecimento, da eventicidade do texto).

Outra razão é que, segundo Bakhtin (2000), há uma contínua transformação dos gêneros discursivos na cadeia enunciativa, na história. Um dos aspectos que gera essa transformação é a relação entre o que o autor chama de gêneros primários (os do cotidiano) e secundários (os produzidos em esferas como a científica e a artística). Um exemplo dessa relação poderia ser a incorporação que o romance faz do diálogo cotidiano, que traz o estilo informal da fala das personagens – aspectos inovadores no estilo poderiam ser a incorporação, em discurso indireto livre, do estilo informal da fala cotidiana; ou a incorporação desse estilo à própria linguagem do narrador...

Outro aspecto responsável pela renovação dos gêneros do discurso é o desenvolvimento das esferas sociais, que possibilita também o surgimento de novos gêneros (*e-mail*, comentário em *sites* etc.) e o desaparecimento de outros.

Dessa forma, apesar de as condições histórico-ideológicas da sociedade em que se produzem e se desenvolvem os gêneros do discurso definirem possibilidades de dizer/interpretar (o que dá aos gêneros uma estabilidade histórica), essas possibilidades são, na perspectiva bakhtiniana, espaços de contínua construção e movimento. É por esse motivo que apresentamos ao leitor somente sugestões de abordagem dos gêneros – não cabem aqui modelos fechados de gêneros nem propostas de atividades que se tomem como prontas e acabadas. Esperamos que o leitor as complemente com sua história particular.

Algumas considerações sobre a produção de sentido em piadas

As piadas são gêneros que veiculam de maneira específica o humor e têm sido objeto de estudo de vários autores no Brasil. Destacamos, entre eles, Sírio Possenti, que chama atenção para diversos aspectos linguísticos e culturais/ideológicos envolvidos na produção de sentido desse gênero:

> [...] as piadas fornecem simultaneamente um dos melhores retratos dos valores e problemas de uma sociedade, por um lado, e uma coleção de fatos e dados impressionantes para quem quer saber o que é e como funciona uma língua, por outro. Se se quiser descobrir os problemas com os quais uma sociedade se debate, uma coleção de piadas fornecerá excelente pista: sexualidade, etnia/raça e outras diferenças, instituições (igreja, escola, casamento, política), morte, tudo isso está sempre presente nas piadas que circulam anonimamente e que são ouvidas e contadas por todo mundo em todo o mundo. (Possenti, 2001: 72)

Por sua riqueza temática e linguística para discussões em sala de aula, as piadas têm sido textos propostos como instrumentos para o ensino/aprendizagem de língua em materiais didáticos. Um exemplo recente pode ser encontrado em material preparado pelo Cefiel (Centro de Formação Continuada de Professores do IEL), da Unicamp,[2] que destaca a relevância do gênero em sala de aula por enfocar, além de aspectos linguísticos, questões relativas aos preconceitos presentes na sociedade brasileira, entre eles o preconceito linguístico.

Possenti (2001) destaca um mecanismo central na produção do humor nesse gênero: o duplo sentido (ambiguidade), que pode ser desencadeado por fatos linguísticos diferentes (fonéticos/fonológicos, lexicais, sintáticos...) e por fatos pragmáticos.

A ambiguidade segundo abordagem semântica

A ambiguidade é um fenômeno que tem sido estudado pela Semântica. Obras de introdução à área (Ilari e Geraldi, 1985; Ilari, 2002) apontam que os fatores linguísticos da ambiguidade são muitos. Entre eles, encontramos:

A homonímia

Consideramos aqui casos de ambiguidade lexical como as presentes nos pares manga (fruta)/manga (parte de vestimenta); banco (assento)/banco (instituição) e sexta (numeral)/cesta (objeto).

Consideramos também casos de segmentação de palavras como o que temos em *amá-la (verbo e pronome)/a mala (artigo e substantivo)*, produtiva na produção de sentido da piada a seguir:

Quero amá-la

O marido, ao chegar em casa no final da noite, diz à mulher que já estava deitada:
– Querida, eu quero amá-la.
A mulher, que estava dormindo, com a voz embolada, responde:
– A mala... Ah não sei onde está, não! Use a mochila que está no maleiro do quarto de visitas.
– Não é isso querida, hoje vou amar-te.
– Por mim, você pode ir até Marte, Júpiter, Saturno e até à puta que o pariu, desde que me deixe dormir em paz...

(Disponível em <http://www.osvigaristas.com.br/piadas/quero-ama-la-12780.html>, acesso em: 04 ago. 2014)

A estrutura sintática

Há situações em que a sentença aceita análises sintáticas diferentes e há um sentido diferente em cada caso. Vejamos o exemplo de um enunciado presente em um cartaz em mural de uma universidade paulista:

"Vagas para moças provisórias."

Nesse enunciado, o adjetivo "provisórias", apesar de preferencialmente modificar o substantivo "vagas", poderia estar modificando "moças" numa leitura motivada pela proximidade e que levaria a efeitos de sentido estranhos/inesperados. Nesse caso, a ordem das palavras no enunciado permite essa dupla leitura.

Considerando-se que a sequência sintática em questão encontra-se no gênero do discurso *cartaz*, que tem por função, nesse caso, divulgar o interesse de "alugar" um quarto/apartamento, podemos dizer que a ambiguidade prejudica a consecução desse objetivo, pois passa uma imagem negativa do local a ser alugado ao "desqualificar" os sujeitos que o alugariam.

A referência textual de pronomes

Tomemos como exemplo a seguinte piada, citada por Possenti (1998):

Duas pessoas conversando:
– Não deixe sua cadela entrar na minha casa de novo. <u>Ela</u> está cheia de pulgas.
– Diana, não entre nessa casa de novo. Ela está cheia de pulgas.

O pronome pessoal grifado tem dois antecedentes possíveis: "sua cadela" e "minha casa". A interpretação mais esperada seria aquela em que o pronome tem como referente "sua cadela": "sua cadela está cheia de pulgas". No entanto, a resposta do interlocutor opta pelo outro sentido, em que o referente textual é "minha casa". Assim, entende que "Ela [a casa] está cheia de pulgas". Esse jogo entre dois sentidos possíveis e a opção pelo menos óbvio é comum em piadas e será comentado neste capítulo, a seguir.

A interpretação de frases feitas

As provas de exames vestibulares têm explorado a presença do humor em diversos gêneros do discurso. Vejamos, para exemplificarmos o caso da ambiguidade decorrente da interpretação literal de frases feitas, uma questão da prova da segunda fase do Vestibular Unicamp (2010), transcrita a seguir, que utiliza uma propaganda polissêmica:

Retirada de www.eitapiula.net/2009/09/aurelio.jpg

Nessa propaganda do dicionário *Aurélio*, a expressão "bom pra burro" é polissêmica e remete a uma representação de dicionário.
a. Qual é essa representação? Ela é adequada? Justifique.
b. Explique como o uso da expressão "bom pra burro" produz humor nessa propaganda.

O item "b" pede uma reflexão sobre a produção do humor na propaganda a partir do uso da expressão "Bom pra burro", em que "pra burro" significa "muito" (é usada com a função de advérbio de intensidade), assim "bom pra burro" significa "muito bom". Mas uma leitura literal da expressão levaria ao sentido de que o dicionário é "bom para burros", tomando-se "burro" como uma pessoa pouco inteligente. Essa leitura seria feita a partir de uma associação com a ideia de que o dicionário é o "pai dos burros", representação de dicionário pedida no item "a" da questão.

Como se vê, a questão explora uma ambiguidade presente no texto da propaganda, a qual é fundamental para sua compreensão. Contudo, ela não chega a explorar a função dessa ambiguidade no gênero do discurso em questão – no caso, talvez por se tratar de uma questão de prova, explora-se somente um aspecto do texto (a questão linguística e sua relação com sentidos estabilizados na sociedade).

A sugestão que fazemos para o uso de textos em sala de aula é que eles sejam explorados considerando-se sua realização em forma de gêneros do discurso, com função social e interativa, sendo um evento dialógico e histórico. Assim, levar os textos para discussão/interpretação em sala de aula prevê atividades que explorem seus aspectos linguísticos, mas também os discursivos – evidentemente, essas atividades ultrapassam os objetivos que se tem quando se elabora uma questão de prova, por exemplo, que precisa enfocar um aspecto pontual do texto em pauta.

A ambiguidade/polissemia segundo abordagem pragmática

Não somente a Semântica reflete sobre o sentido da linguagem no interior da Linguística. Também a Pragmática o faz. Um precursor dos estudos da Pragmática é Benveniste (1989), que propõe que a enunciação seja objeto de estudo da Linguística. A enunciação é entendida pelo autor como resultado de uma ação do locutor sobre a língua: "A enunciação é este colocar em funcionamento a língua por um ato individual de utilização" (1989: 82). Dessa maneira, já há uma preocupação, na obra do autor, com os atos de fala (tema caro à Pragmática). Outro aspecto a se destacar nos estudos de Benveniste que se relacionam diretamente às pesquisas desenvolvidas em Pragmática é que ele concebe a produção de sentido em situação concreta de interação verbal. O locutor, ao utilizar a língua, tem necessariamente o interlocutor diante de si: "Toda enunciação é, explícita ou implicitamente, uma alocução, ela postula um alocutário" (1989: 84).

A disciplina, em sua constituição, incorporou estudos feitos no campo da Filosofia, entre eles os de Austin (1990), que tomou como tema de reflexão a relação entre linguagem, sentido e ação em meados da década de 1950 – suas conferências sobre os atos de fala e o caráter contratual da interação verbal contribuíram para o desenvolvimento dos estudos sobre o sentido da *linguagem em uso*, que, *grosso modo*, podemos entender como o campo de atuação da Pragmática. Neste capítulo, interessam-nos as reflexões desenvolvidas sobre os atos de fala por estarem diretamente ligados às interpretações possíveis de piadas.

Austin distingue o ato de dizer em três dimensões, que ocorrem simultaneamente: o dizer com conteúdo e referência (ato locucionário), o fazer algo ao se dizer (ato ilocucionário) e as consequências do dizer/fazer (ato perlocucionário). Dessa forma, todo dizer é um fazer e pode gerar consequências (há uma dimensão ética no dizer).

Outro aspecto relevante nessa perspectiva é que os atos de fala não estão sujeitos às condições e verdade, mas às condições de felicidade do ato.

Um exemplo de ato de fala é o que o ministro religioso da Igreja Católica realiza quando, para finalizar um casamento, declara: "Eu vos declaro marido e mulher". Trata-se de um ato de dizer que tem um conteúdo específico (é ato locucionário), é uma declaração que realiza o casamento (é necessária nesse ritual religioso para realizar a ação do casamento – mesmo que possa ser substituída por outros termos; é ato ilocucionário) e é uma declaração que firma um "contrato" entre duas pessoas, com a presença de uma comunidade que, juntamente com a Instituição, propõe-se indiretamente cobrar de ambos o respeito ao "contrato" (é ato perlocucionário). É um ato de fala, e como tal está sujeito a condições de felicidade: tem que ser enunciado por um sujeito autorizado a fazê-lo, em situações propícias para a sua realização (no interior da Instituição religiosa ou em local apropriado para a realização do matrimônio), é dirigido a dois sujeitos que se declaram dispostos a cumprir o acordo firmado, com testemunhas que dão crédito a essa união etc.

Veja-se que esse ato de fala tem o verbo "declarar", que chamamos de performativo e que deixa explícita a ação praticada. Outros atos também são praticados com a presença de performativos, como "Eu *prometo*", "Eu te *batizo*", "Eu te *perdoo*".

Mas, muitas vezes, esses verbos não são explicitados, o que pode gerar dúvida na interpretação dos atos praticados. Vejamos situações em que o professor diz, aos alunos, que conversam muito em sua aula: "Agora chega de conversa". Dependendo de diversos fatores, entre eles o tom empregado pelo professor, sua relação com os alunos, e a imagem que os alunos têm dele dentro da Instituição, o enunciado pode ser interpretado como pedido, ordem, ameaça...

Essa polissemia já não é relativa ao sentido de uma palavra ou estrutura sintática (que, como vimos, são estudadas pela Semântica), mas é resultante da relação entre o enunciado e aspectos relativos ao uso da língua, que envolve os sujeitos envolvidos, o contexto imediato da interação verbal, o contexto mais amplo que define essa relação dentro da escola... Esses aspectos já são pragmáticos e discursivos.

Nos próximos itens, apresentamos análises de piadas para refletirmos sobre a produtividade da ambiguidade e dos atos de fala na produção de sentido nesse gênero.

Análise de piadas

Na perspectiva bakhtiniana dos gêneros do discurso, os recursos linguísticos são parte do *estilo* do enunciado. Assim, a ambiguidade é fator semântico que faz parte do estilo do gênero piada, considerando-se que é recurso linguístico recorrente nele. Vejamos o texto que segue:

Aspectos semânticos, pragmáticos e discursivos da leitura de piadas **107**

O ladrão entra numa joalheria e rouba todas as joias da loja. Guarda tudo numa mala e, para disfarçar, coloca roupas em cima. Sai correndo para um beco, onde encontra um amigo, que pergunta:
– E aí, tudo joia?
– Que nada! Metade é roupa...

Trata-se de um texto narrativo – essa forma composicional caracteriza esse gênero, que se estrutura frequentemente com um desfecho que envolve duas interpretações possíveis, sendo que a mobilização da interpretação menos esperada gera o riso.

No caso anterior, a ambiguidade reside na expressão "tudo joia?", em que a palavra "joia" pode ser interpretada como "bem" (assim, a expressão expressaria algo como "tudo bem?") ou como "objeto de adorno, de material precioso". Assim, quando um amigo do personagem pergunta a ele, ao encontrá-lo, "E aí, tudo joia?", o sentido mais esperado da sentença talvez fosse algo como "E aí, tudo bem?", considerando-se que o marcador conversacional "E aí" acompanha outras formas de cumprimento, comuns no português brasileiro, sintaticamente semelhantes ao enunciado citado: "E aí, como vai?", "E aí, tudo bom?"... Mas o personagem, pela resposta que dá ao amigo, interpreta "joia" do enunciado como "objeto precioso" – isso pode ser motivo de o texto nos parecer engraçado.

Também podemos analisar essa situação de polissemia pelo conceito de ato de fala. Nesse caso, o enunciado "E aí, tudo joia?" pode ser interpretado como um cumprimento ou como uma indagação. Na primeira interpretação, mobiliza-se um sentido de "joia" (bem, bom...); na segunda, mobiliza-se o sentido de "objeto de adorno, precioso".

No entanto, essa análise ainda não dá conta de toda a malícia presente na piada. É importante considerar o fato de estarmos falando de um ladrão que tenta esconder seu crime colocando roupas em cima das joias dentro de uma mala e, depois, ingenuamente, confessa seu crime para um "amigo" em um beco. Essa contradição pode também ajudar a produzir o riso, bem como o fato de que, na piada, por se delatar prontamente, o ladrão pode ser caracterizado como "pouco inteligente". O tema da "burrice" e a construção de personagens com a caracterização de "pouco inteligentes" são mobilizados constantemente em piadas para produzir o riso (lembremos as piadas brasileiras sobre o português e sobre o caipira, que manifestam o preconceito social e linguístico a partir dessa caracterização das personagens). Assim, fatores sociais e ideológicos (discursivos) também são importantes para a produção do riso quando da leitura dessa piada.

108 Ensino de Português e Linguística

Nossa hipótese é de que o sujeito, para interpretar esse texto, usa tanto os conhecimentos linguísticos (incluindo-se aqui os conhecimentos que envolvem aspectos fonológicos, lexicais, sintáticos e pragmáticos) quanto os conhecimentos sobre os valores sociais que circulam na sociedade.

Vejamos outra piada.

Um casal tinha dois filhos que eram uns capetas. Os pais sabiam que se houvesse alguma travessura onde moravam, eles com certeza estariam envolvidos.

A mãe dos garotos ficou sabendo que o novo padre da cidade tinha tido bastante sucesso em disciplinar crianças.

Então, ela pediu a ele que falasse com os meninos.

O padre concordou, mas pediu para vê-los separadamente. A mãe mandou o filho mais novo.

O padre, um homem alto com uma voz de trovão, sentou o garoto e perguntou-lhe austeramente:

— Onde está Deus?

O garoto abriu a boca, mas não conseguiu emitir nenhum som. Ficou sentado, com a boca aberta e os olhos arregalados.

Então, o padre repetiu a pergunta num tom ainda mais severo e o garoto não conseguia emitir nenhuma resposta.

O padre levantou ainda mais a voz e, com o dedo no rosto do garoto, berrou:

— ONDE ESTÁ DEUS?

O garoto saiu correndo da igreja direto para casa e trancou-se no quarto. Quando o irmão mais velho o encontrou, perguntou:

— O que aconteceu?

O irmão mais novo, ainda tentando recuperar o fôlego, respondeu:

— Cara, desta vez tâmo fu-di-do. Deus sumiu, e acham que foi a gente!

No caso deste texto, há polissemia na sentença "Onde está Deus?" que, na piada, considerando-se o contexto em que foi enunciada (quem enunciou, para quem, em que situação), poderia ser interpretada, pelo menos, de duas maneiras. Uma interpretação é que esse enunciado seja entendido como uma indagação que equivale a uma atividade avaliativa do conhecimento do personagem sobre a religião (ou seja, uma pergunta-avaliação realizada pelo padre, na tentativa de evangelizar, tomando-se aqui "evangelizar" como "disciplinar"). Elementos do texto que corroboram essa interpretação são:

a. o trecho que informa que "o novo padre da cidade tinha tido bastante sucesso em disciplinar crianças" (dessa forma, a pergunta faria parte de um projeto de disciplinarização do garoto);

Aspectos semânticos, pragmáticos e discursivos da leitura de piadas   **109**

b. a polissemia de "austero" e "severo" em: "sentou o garoto e perguntou-lhe austeramente" / "o padre repetiu a pergunta num tom ainda mais severo". No dicionário *Michaelis* online, encontramos algumas definições para "austero": "1. Rígido em opiniões, costumes ou caráter. 2. Severo, rigoroso. 3. Duro ou penoso para os sentidos. 4. Grave, ponderoso, sério, sisudo." Para "severo", encontramos: "1. Rígido, rigoroso, austero. 2. Que não tem indulgência para com os outros; inexorável. [...] 4. Intransigente nas decisões, na disciplina ou governo: *Um pai severo*. [...] 9. Sério ou grave no aspecto, no comportamento, nas maneiras etc.: *Feições severas.* "[3] Assim, sentar e perguntar de forma austera/severa faz parte de estratégias comuns em atividades didáticas, o que poderia levar a entender "austera" e "severa" como "de forma séria, sisuda".

Outra interpretação para o enunciado "Onde está Deus?" poderia ser que temos aí uma indagação que equivale a uma acusação (neste caso, seria preciso implicitar que o enunciador não sabe onde está Deus e, por isso, não somente pede uma informação sobre seu paradeiro, mas também supõe que o interlocutor, se sabe onde Deus está, é culpado pelo seu sumiço). O texto apresenta algumas pistas que podem justificar essa interpretação, como:

a. a informação de que "Os pais sabiam que se houvesse alguma travessura onde moravam, eles com certeza estariam envolvidos";
b. dessa perspectiva interpretativa, "austera" e "severa" podem ser entendidas como "intransigente, rígida, rigorosa", o que caracterizaria o padre como inflexível em seu pré-julgamento das crianças. Inclusive, pode-se interpretar o posicionamento do padre pela forma como se dirige à criança, gritando: "O padre levantou ainda mais a voz e, com o dedo no rosto do garoto, berrou [...]".

Essa segunda interpretação é menos esperada que a anterior, considerando-se o conhecimento de mundo sobre religião partilhado entre os sujeitos adultos de uma sociedade como a nossa (predominantemente cristã) – a hierarquia imposta pelos preceitos religiosos impede que se pense que um ser humano seja responsável pelo sumiço de Deus; a própria possibilidade desse sumiço é impensável nessa sociedade. A mobilização desse sentido inesperado pode ser o fator responsável pela graça do texto.

Assim, a leitura dessa piada, como a anterior, exige que o leitor mobilize conhecimentos sobre a língua, sobre seu uso/funcionamento e sobre os valores

110 Ensino de Português e Linguística

partilhados e assumidos na sociedade em que vivemos. Vejamos mais um pequeno texto para finalizarmos essa discussão.

> Este cartaz estava afixado no mural de uma paróquia:
> AVISOS AOS PAROQUIANOS
> Para todos os que tenham filhos e não sabem, temos na paróquia uma área especial para crianças.

Nesse caso, temos um gênero (cartaz) utilizado para produzir o riso (circulou na internet como exemplo de "texto engraçado") e, dessa maneira colocado dentro de uma narrativa com essa função, o gênero se aproxima de uma piada. Vamos primeiro entender em que pode residir a graça do cartaz. A sentença "Para todos os que tenham filhos e não sabem, temos na paróquia uma área especial para crianças" é ambígua: "não sabem" pode significar "não sabem que têm filhos" ou "não sabem que temos na paróquia uma área especial para crianças". No caso, é uma ambiguidade sintática, já que o complemento verbal de "não sabem" não é explicitado.

Mas a ambiguidade, por si só, não parece suficiente para a produção do riso. É preciso inserir a sentença em um contexto (neste caso, parece interessante considerar o gênero do discurso em que está materializada a sentença, o contexto de sua circulação, os valores sociais e ideológicos que definiriam as possíveis leituras do cartaz). Não somente é inesperado (ou pouco esperado) que aqueles que têm filhos não saibam disso, mas também é inesperado que esses sujeitos frequentem assiduamente uma paróquia (veja-se que o aviso destina-se aos paroquianos) e, inclusive, que uma paróquia explicite esse desconhecimento em um cartaz afixado no seu mural, valorizando essa informação. Assim, parece engraçado o que se diz no contexto em que se diz.

O cartaz, explicitado no texto como um aviso, poderia realizar diversas outras ações: anunciar, orientar, advertir... No contexto em que se insere, se interpretado como "Para todos os que tenham filhos e não sabem [que têm filhos], temos na paróquia uma área especial para crianças.", o cartaz avisa (informa) o indizível nesse contexto, e para um leitor muito pouco provável naquele contexto. Assim, a questão da produção de sentido desse texto passa por fatores não somente semânticos, mas também pragmáticos, em que é preciso considerar quem enuncia, para quem e em que situação.

Passa, da mesma forma, por fatores discursivos: há zonas do dizer proibido em determinados momentos históricos (Foucault, 2001), contradições ideológicas materializadas na linguagem (Bakhtin/Volochinov, 1988) – o tema da sexualidade/ da gravidez fora do casamento é o dizer que é proibido nesse caso, e sua valoração negativa é posta em questão quando entra como dizer possível da Igreja, naturalizado por ela por esse dizer publicizado.

Essas contradições ou o dizer proibido afloram em determinadas situações de dizer. A piada é interessante não só porque utiliza mecanismos linguísticos produtivos semântica e pragmaticamente, mas também porque é evento de linguagem que permite perceber essas contradições. Dessa maneira, é um gênero do discurso que permite discussão de temas polêmicos em sala de aula.

Finalmente, um último comentário sobre o gênero do discurso piada: apesar de possuir leituras previstas, a leitura do texto sempre pode ser outra. Por exemplo, a piada a seguir, já discutida anteriormente, pode parecer engraçada a um leitor por uma razão que ultrapasse a ideia de que não a cadela, mas a casa estaria cheia de pulgas. Imagine-se uma interpretação para a piada em que "Diana" não fosse uma cadela, mas uma mulher a quem se atribui a qualidade de "cadela": "Mulher, não entre na casa de novo porque a casa está cheia de pulgas"... O engraçado, e novamente o riso vem acompanhado do preconceito social, poderia ser considerá-la uma "cadela".

Duas pessoas conversando:
– Não deixe sua cadela entrar na minha casa de novo. <u>Ela</u> está cheia de pulgas.
– Diana, não entre nessa casa de novo. Ela está cheia de pulgas.

Nas atividades de leitura/escuta em sala de aula, entendemos que o texto é elemento central. O que dissemos parece óbvio, mas não é quando recuperamos, em nossa memória recente, as aulas de leitura em que os alunos não leem/interpretam textos, mas têm aulas expositivas sobre a forma composicional de textos/gêneros do discurso, seu estilo etc. Pois bem, sendo o texto o elemento central das aulas de leitura/escuta, o que nos questionamos é como fazer com que ele ultrapasse o mero exercício classificatório de gêneros e os velhos questionários que definem respostas sobre o que se diz no texto.

Uma sugestão é tomar o texto como pertencente a determinado gênero do discurso, considerando que ele significa sempre na relação com os interlocutores e com o contexto em que circula. Assim, o texto, evento dialógico, é evento de linguagem (que pode não ser somente verbal, como os casos destacados aqui), mas também é evento social e histórico.

Outra sugestão, que entendemos adicionar-se à anterior, é tomar o texto como o ponto de partida e o de chegada das atividades de ensino. Isso significa entender as atividades de leitura/escuta como integradas às atividades de produção de textos e análise linguística. Uma leitura leva a outra leitura, que leva a outra, que leva a outra. Uma leitura leva a uma análise linguística, que leva a outra análise linguística, que leva a outra. Uma leitura leva a uma produção textual, que leva a outra produção textual, que leva a outra. Uma leitura leva a uma análise linguística, que leva a uma produção textual, que leva a outra análise linguística, que leva a outra leitura. Uma leitura leva a uma produção textual, que leva a outra leitura, que leva a uma análise linguística... a cadeia de atividades, com possibilidades infinitas, fica, agora, por conta da criatividade (e interesse) do leitor.

Notas

[1] Ver a esse respeito Bakhtin/Volochínov (1988) e Medviédev (2012).

[2] Disponível em: <http://www.iel.unicamp.br/cefiel/alfaletras/biblioteca_professor/arquivos/49Textos%20de%20humor.pdf>. Acesso em: 1º ago. 2014.

[3] Disponível em: <http://michaelis.uol.com.br/moderno/portugues/>. Acesso em: 12 maio 2014.

Referências

AUSTIN, J. *Quando dizer é fazer*: palavras e ação. Porto Alegre: Artes Médicas, 1990.

BAKHTIN, M. Os gêneros do discurso. In: _____. *Estética da criação verbal*. 3. ed. Trad. Maria Ermantina G. Pereira. São Paulo: Martins Fontes, 2000.

BAKHTIN/VOLOCHÍNOV. *Marxismo e filosofia da linguagem*. Trad. Michel Lahud e Yara F. Vieira. 4. ed. São Paulo: Hucitec, 1988.

BENVENISTE, E. O aparelho formal da enunciação. In: _____. *Problemas de linguística geral II*. Trad. Eduardo Guimarães et al. Campinas: Pontes, 1989.

BRASIL, Secretaria de Educação Fundamental. *Parâmetros Curriculares Nacionais:* primeiro e segundo ciclos do ensino fundamental. Língua portuguesa. Brasília, Secretaria de Educação Fundamental, 1997.

_____. *Parâmetros Curriculares Nacionais:* terceiro e quarto ciclos do ensino fundamental. Língua portuguesa. Brasília, Secretaria de Educação Fundamental, 1998.

_____. *Parâmetros Curriculares Nacionais:* Ensino Médio. Parte II. Linguagens, Códigos e suas Tecnologias. Brasília, Secretaria de Educação Fundamental, 2000a.

_____. *Parâmetros Curriculares Nacionais:* Ensino Médio+. Orientações Educacionais Complementares aos Parâmetros Curriculares Nacionais. Linguagens, Códigos e suas Tecnologias. Brasília, Secretaria de Educação Fundamental, 2000b.

FOUCAULT, M. *A ordem do discurso.* Trad. Laura Fraga de A. Sampaio. 7. ed. São Paulo, Loyola, 2001.

GERALDI, J. W. *A aula como acontecimento*. São Carlos: Pedro & João Editores, 2010.

ILARI, R.; GERALDI, J. W. *Semântica*. 2. ed. São Paulo: Ática, 1985.

ILARI, R. *Introdução ao estudo do léxico*: brincando com as palavras. São Paulo: Contexto, 2002.

MEDVIÉDEV. *O método formal nos estudos literários*: introdução crítica a uma poética sociológica. Trad. Sheila C. Grillo e Ekaterina V. Américo. São Paulo: Contexto, 2012.

POSSENTI, S. *Os humores da língua:* análises linguísticas de piadas. Campinas: Mercado de Letras, 1998.

_____. Análise do discurso: piadas são relevantes em estudos do funcionamento da linguagem. *Ciência hoje*, v. 30, n. 176, 2001, pp. 72-74.

UNICAMP. Textos de humor: uma forma divertida de refletir sobre a língua. Universidade Estadual de Campinas, Instituto de Estudos da Linguagem, Cefiel – Centro de Formação Continuada de Professores. Alfabetização e Linguagem. Rede Nacional de Formação Continuada de Professores de Educação Básica. Disponível em <http://www.iel.unicamp.br/cefiel/alfaletras/biblioteca_professor/arquivos/49Textos%20de%20humor.pdf>. Acesso em: 4 ago. 2014.

ANEXO

Plano de aula

Objetivos:

- desenvolver habilidade de leitura/escuta do gênero do discurso piada;
- desenvolver habilidade de produção textual oral e escrita do gênero do discurso piada;
- desenvolver conhecimento sobre a piada;
- desenvolver conhecimento sobre a ambiguidade como fato semântico, pragmático e discursivo.

Conteúdos específicos: piada; ambiguidade.

Ano/Série escolar: a partir do 8º ano do ensino fundamental

Número de aulas previstas: 3

Desenvolvimento:

1º momento: o objetivo deste primeiro momento é desenvolver tanto a habilidade de leitura/escuta do gênero do discurso piada quanto o conhecimento sobre a ambiguidade como fato semântico e pragmático. Para tanto, são propostos:

1. um estudo da ambiguidade como fato semântico em uma piada;
2. um estudo da ambiguidade como fato pragmático em duas piadas;
3. uma produção oral/de escuta de piadas;
4. uma leitura comparativa de três piadas;
5. uma produção textual escrita que sintetize os conhecimentos produzidos a partir de discussões em grupo.

1. Leia a piada que se segue e encontre nela uma palavra que foi utilizada em dois sentidos diferentes. Anote em seu caderno os dois sentidos em que essa palavra foi utilizada.

Piada 1

O genro chega perto da sogra e a surpreende com a seguinte frase:
– Sogrinha, eu gostaria muito que a senhora fosse uma estrela!
Ela, não cabendo em si de felicidade, responde:
– Quanta gentileza, genrinho. Por que você fala isso?
– Porque a estrela mais próxima está a milhões e milhões de quilômetros da Terra.

Resposta: a palavra utilizada em dois sentidos é "estrela", que, no caso, tem o sentido de "astro com luz própria" e "pessoa famosa".

114 Ensino de Português e Linguística

2. (Atividade em grupo com a sala toda) Você se lembra de alguma outra piada em que há palavras em dois sentidos, como a piada lida na questão 1? Se sim, conte-a para seus colegas.

Resposta: esta é atividade de produção oral/escuta de textos e de produção de conhecimento sobre o conceito de ambiguidade. Sugestão: o professor escolhe alguns alunos que desejam contar piadas com ambiguidade lexical, os alunos contam as piadas e o grupo comenta se essas piadas apresentam mesmo esse tipo de ambiguidade.

3. A seguir, encontram-se duas outras piadas. Leia-as com atenção.

Piada 2

Em uma sala de pré-primário, o garotinho reclama:
– Pofessola, eu não tem lápis!
– Não é assim que se fala – corrige ela, pacientemente. – O correto é "Eu não TENHO lápis", "Tu não TENS lápis", "Ele não TEM lápis", "Nós não TEMOS lápis", "Vós não TENDES lápis" e "Eles não TÊM lápis"... entendeu?
– Não! – responde o garoto, confuso. – Onde é que foram parar todos esses lápis?

Piada 3

Na escola, a professora explica:
– Se eu digo "fui bonita" é passado. Se digo "sou bonita" o que é, Joãozinho?
– É mentira, professora...

a. Esses textos podem ser considerados engraçados por muitos leitores. Considerando que em muitas piadas a polissemia é um fato linguístico importante na produção do humor, explique por que as piadas 2 e 3 podem ser engraçadas.

Resposta: esta questão tem por objetivo ampliar a discussão da ambiguidade/polissemia como fato de linguagem. Se na Piada 1 ela é fato semântico, nas Piadas 2 e 3 a polissemia se encontra no ato de fala produzido pela professora, que é fato pragmático. O ato de fala da professora pode ser interpretado como uma pergunta/avaliação (ela, nesse caso, desejaria saber se o aluno entendeu o "conteúdo" relacionado à conjugação verbal) ou uma indagação sobre fatos presentes na realidade da criança, na vida (nesse caso, ela desejaria saber se o aluno entendeu que muitas pessoas têm lápis – Piada 2 – e se é verdade que ela é bonita – Piada 3). A sugestão é que o professor, a partir das respostas dos alunos, apresente a eles essa dimensão pragmática da polissemia.

b. (Atividade em grupos) Encontre, com seus colegas, semelhanças e diferenças entre essas três piadas. Anote em seu caderno, a partir da discussão feita com os colegas, pelo menos duas diferenças e duas semelhanças que você ache relevantes.

Resposta: essa atividade de leitura comparativa tem por objetivo estimular uma leitura crítica que destaque nos textos tanto seus aspectos linguísticos quanto sua relação com a cultura/sociedade. Na comparação, espera-se que os alunos destaquem aspectos relativos à ambiguidade, estudada na aula, e/ou aos temas das piadas (situação de sala de aula, conteúdos de ensino específicos – no caso, gramaticais –, valores sociais).

c. Redija um pequeno texto expondo essa comparação e explicando por que essas piadas podem ser engraçadas para muitos leitores.

Resposta: esse texto pode ser escrito em casa. Nele, o aluno terá oportunidade de sistematizar, por escrito, o conhecimento produzido na aula sobre a importância da ambiguidade em piadas, sobre a ambiguidade e sobre o gênero do discurso piada.

2º momento: o objetivo deste segundo momento é desenvolver a habilidade de produção textual oral e escrita do gênero do discurso piada e desenvolver conhecimento sobre a ambiguidade/polissemia como fato discursivo. Para tanto, são propostas:

1. uma pesquisa sobre piadas que envolvem a situação de sala de aula;
2. uma discussão da presença de valores sociais em piadas (fator discursivo das piadas);
3. produção textual oral e escrita do gênero do discurso piada.

Preparação para aula: o professor pede aos alunos que tragam para a aula uma piada que envolva a situação de sala de aula. Uma sugestão é o aluno procurar na internet piadas do "Joãozinho" que exponham essa situação.

4. (Atividade em grupo com a sala toda) Conte uma piada que envolva a situação de sala de aula.

Resposta: o professor escolhe alguns alunos que queiram contar piadas pesquisadas em casa e que envolvam a situação em sala de aula. Os alunos contam/leem as piadas.

5. (Atividade em grupos) A partir das piadas contadas por seus colegas de sala e das piadas pesquisadas por você e seus colegas de grupo, responda:

   a. Algumas dessas piadas fazem uso da ambiguidade/polissemia? Justifique sua resposta.
   b. Aponte três situações em sala de aula que podem ser engraçadas.

Resposta: a sugestão é o professor discutir, de forma compartilhada com a sala, algumas respostas dos grupos às questões. Os grupos chegarão às três situações a partir da pesquisa feita. Essas situações possíveis são muitas, entre elas podem-se encontrar eventos de ensino de disciplinas específicas, casos de conflito de valores entre alunos e professor, situações que envolvem o tabu linguístico em sala de aula.

3. Agora você vai criar uma piada e escrevê-la. Siga esses passos para redigir seu texto:

    a. Selecione uma das três situações em sala de aula que podem ser engraçadas e que foram relacionadas na questão anterior (essa situação será base para o enredo de sua piada).

    b. Crie pelo menos dois personagens principais que devem participar dessa situação engraçada.

    c. Redija uma piada cujo enredo esteja centrado nessa situação engraçada. Você deve fazer uso da ambiguidade/polissemia.

3º momento: o objetivo deste terceiro momento é desenvolver a habilidade de produção textual escrita do gênero do discurso piada através da reescrita com intervenção do colega. Para tanto, são propostas:

1. troca de textos entre colegas;
2. avaliação do texto do colega;
3. reescrita textual a partir da leitura dos colegas.

1. (Atividade em grupos de 4 ou 5 alunos) Leia as piadas criadas por seus colegas de grupo e anote ao final de cada uma delas:

    a. Aspectos positivos do texto do colega.

    b. O que seu colega pode fazer para melhorar o texto dele. Sugestão: você pode destacar no texto dele aspectos relacionados à clareza, à presença da ambiguidade (exigida na proposta de produção textual), à coerência das ideias, à presença do humor, à correção ortográfica e gramatical...

2. Reescreva sua piada e entregue-a para o professor. Considere, na reescrita, os aspectos que julgar pertinentes nas anotações dos colegas.

Avaliação/Momento final: ao final das atividades previstas neste plano, o professor tem em mãos duas produções textuais individuais que permitem a ele avaliar os conhecimentos produzidos pelos alunos:

1. O texto resultante do item "c" da questão 3 do 1º Momento. Este texto permite uma avaliação da compreensão produzida pelo aluno do papel da ambiguidade na produção do humor no gênero do discurso piada, bem como uma avaliação da compreensão produzida pelo aluno do conceito de ambiguidade.
2. O texto resultante do 3º Momento. Este texto permite avaliar a habilidade do aluno na produção de textos narrativos, em especial piadas. Essa avaliação permite ao professor considerar o aprendizado produzido a partir das discussões desenvolvidas nas três aulas e a partir da atividade de reescrita.

A avaliação pode incluir a participação dos alunos nas atividades orais, de pesquisa e revisão dos textos dos colegas.

Essas avaliações podem conduzir a outras atividades de leitura/debate oral/ escrita/análise linguística que se façam relevantes à aprendizagem dos alunos, entre elas:

a. Discussão de valores sociais/preconceitos presentes em piadas. Essa atividade agregaria leitura de outras piadas, discussão oral e produção textual escrita de gêneros opinativos/argumentativos acerca desses valores presentes na sociedade brasileira.
b. Discussão da presença da linguagem informal e próxima da modalidade oral nos diálogos de piadas.
c. Discussão do preconceito linguístico presente, em especial, em piadas de caipiras.
d. Discussão da variação linguística presente em piadas regionais (de gaúchos, de caipiras, de portugueses, de nordestinos etc.).

Sugestões de leitura para o professor:

BAKHTIN, M. Os gêneros do discurso. In: _____. *Estética da criação verbal.* 3. ed. Trad. Maria Ermantina G. Pereira. São Paulo: Martins Fontes, 2000.

GERALDI, J. W. *A aula como acontecimento.* São Carlos: Pedro & João Editores, 2010.

ILARI, R.; GERALDI, J. W. *Semântica.* 2. ed. São Paulo: Ática, 1985.

ILARI, R. *Introdução ao estudo do léxico*: brincando com as palavras. São Paulo: Contexto, 2002.

POSSENTI, S. *Os humores da língua:* análises linguísticas de piadas. Campinas: Mercado de Letras, 1998.

_____. Análise do discurso: piadas são relevantes em estudos do funcionamento da linguagem. *Ciência Hoje*, v. 30, n. 176, 2001, pp. 72-74.

Análise do discurso verbo-visual do Facebook

Maria do Rosário Gregolin
Denise Gabriel Witzel

No atual cenário das tecnologias virtuais, o Facebook se destaca em meio às redes sociais por ser um lugar de enunciação que atinge adolescentes e adultos, família e escola, bons e maus leitores, todos estimulados a comentar, curtir, compartilhar e/ou publicar algo. Atentos a essa realidade social, entendemos que, mais do que aprender a ler e a escrever na escola, os alunos precisam responder com competência às exigências de leitura impostas cotidianamente nesses tempos de cibercultura, com vistas a se posicionarem mais criticamente diante dos diferentes modos de produção de sentidos que circulam nesses ambientes.

Partimos do princípio de que o Facebook, para muitos alunos, é compreendido unicamente como uma mídia de entretenimento, por meio da qual eles estabelecem redes sociais em uma ampla conectividade transformada em um modo de ser e de viver a vida presente. Contudo, esses jovens internautas estão imersos cada vez mais nessa sociedade programada pela tecnologia, carentes de mecanismos de leitura direcionados para a análise crítica do seu *feed* de notícias.[1] São carências que, uma vez supridas, ampliam a autonomia de pensamento à medida que se ampliam os horizontes do mundo nas telas do computador ou dos *smartphones*.

Dentre a enormidade de elementos das redes sociais que podem ser utilizados como recurso pedagógico e mecanismo de ensino-aprendizagem, destacaremos a leitura de imagens. Trata-se de uma proposta que vai ao encontro da urgência de se romper com a tradicional prática de leitura, que elege unicamente o texto verbal como materialidade a ser lida, e inserir atividades voltadas para a cultura visual nos conteúdos programáticos do ensino de Língua Portuguesa.

Por que aprender a ler imagens? Assim colocada, essa pergunta pode parecer vazia e calcada num lugar comum (vivemos em um mundo de imagens); entretanto, a pergunta assume forma concreta, na medida em que os alunos, já nativos digitais, confrontam-se com professores imigrantes digitais. Ou seja, a escola de hoje acolhe, de um lado, alunos nascidos no momento em que as sofisticadas tecnologias digitais, fortemente imagéticas, constituem seu dia a dia. Já os professores, chamados a encarar essa nova realidade, buscam (re)orientar suas estratégias pedagógicas, de modo a interagir com esse novo aluno, ensinando-o a interpretar também o texto-imagem e garantindo, dessa forma, que ele possa melhor ler e usufruir das produções culturais.

É particularmente para esse professor que nos dirigimos. Isso porque nosso intuito, neste capítulo, é pensar teórica e analiticamente o funcionamento discursivo de textos imagéticos virilizados no Facebook, propondo subsídios para auxiliá-lo no seu trabalho pedagógico. Procuramos apontar possíveis caminhos para o ensino da leitura de textos verbo-visuais[2] publicados no Facebook, elegendo como ferramentas analíticas o conceito de *enunciado* e o de *memória discursiva*, conforme propõe a Análise do Discurso fundamentada no pensamento do filósofo francês Michel Foucault.[3]

Ainda que seja difícil sistematizar as principais contribuições foucaultianas para a educação, de um modo geral, e para o ensino da língua/linguagem, de um modo específico, sem correr o risco de reduzir o pensamento de Foucault a um simplificador método de análise do discurso ou, o que seria pior, a uma fórmula de manual, apresentaremos algumas de suas reflexões acerca da produção social de sentidos, realizada por sujeitos históricos, por meio da materialidade das linguagens. Assim, daremos visibilidade a um ponto de vista teórico-metodológico que pode subsidiar nossas práticas pedagógicas, ajudando-nos a encarar um problema fundamental: ensinar alunos a ler – compreender e interpretar – para muito além das palavras escritas ou ditas e para muito além das imagens.

A centralidade do conceito de enunciado em Foucault

O conceito de enunciado é formulado e sistematizado no livro a *Arqueologia do saber*, de Michel Foucault (2007), em meio a uma série de outros conceitos fundamentais para uma abordagem do discurso. Por se tratar de um conceito central nessa obra, são necessários alguns esclarecimentos, ainda que rápidos, sobre o surgimento desse método arqueológico que contesta, principalmente, a tradicional história das ciências humanas.

Os discursos científicos se definiam como o lugar próprio do conhecimento e da verdade, alimentando algumas crenças, como a da existência de uma fonte de origem dos discursos a ser investigada numa continuidade infinita, a partir de uma relação de causa e consequência. Acreditava-se, igualmente, na possibilidade de serem encontradas verdades absolutas ocultas atrás dos textos/documentos, cabendo ao analista a tarefa de buscá-las incessantemente. Além disso, os métodos tradicionais partiam do princípio de que o sujeito seria transparente a si mesmo, instância fundamental dos discursos e fonte autônoma de seu dizer. A *Arqueologia*, por sua vez, rejeita as certezas prontas, as verdades certas e seguras reveladas pela história tradicional. Propõe um método de investigação em oposição às antigas práticas, privilegiando a descontinuidade, a ruptura, a série e a transformação.

Do conjunto dessas reflexões de ordem histórico-discursiva, incorporadas nos pressupostos teórico-metodológicos da Análise do Discurso, importa destacar alguns postulados que abalaram as evidências caras aos métodos tradicionais de análises de textos/documentos. Para Foucault:

a. existe uma relação indissociável entre o texto e sua exterioridade; ou seja, entre a língua, o sujeito e a história;

b. nada há no documento, sob o documento ou por trás dele; não existem sentidos ocultos no que está aparente, tampouco uma verdade a ser desvelada. O que há são enunciados e relações;

c. as posições dos sujeitos – o que eles dizem – são determinadas/sustentadas historicamente. Isso implica um afastamento de qualquer abordagem que pressuponha um sujeito intencional ou um sujeito de carne e osso;

d. os sentidos são dependentes das formações discursivas nas quais o discurso se inscreve;

e. todo discurso é produzido sob certas determinações históricas, constituindo-se como um espaço em que saber e poder se articulam. Por isso, toda produção discursiva é selecionada, controlada, organizada e disseminada por procedimentos que objetivam determinar o que pode e o que não pode ser dito em um certo momento histórico.

O discurso, nessa perspectiva, não brota no momento da enunciação. Eis um elemento de grande importância para subsidiar as práticas de leitura, pois, quando um usuário do Facebook publica um texto – posts, comentários, imagens etc. –, ele dissemina discursos outros, produzidos em outro momento e lugar, convidando os demais internautas a acolher o que ele postou "em sua irrupção de acontecimento" (Foucault, 2007: 28). A acolhida significa analisar (ler e interpretar) as condições sociais e históricas que possibilitaram o surgimento de alguns enunciados e a interdição de outros.

122 Ensino de Português e Linguística

Mas, enfim, o que é enunciado para Foucault? Trata-se da unidade elementar do discurso. Diferentemente dos atos de fala e mesmo das palavras, frases ou proposições, o enunciado situa-se no discursivo e, por isso, não é totalmente visível, tampouco totalmente oculto. Nem a língua e nem o sentido podem esgotá-lo inteiramente; é único, mas está aberto à repetição, à transformação, à reativação.

Isso significa que ele não pode ser isolado na frase como uma unidade reconhecida pela gramática e pela lógica. Para descrevê-lo, é preciso definir as condições nas quais se realizou a função que resultou em uma série de signos (não sendo necessariamente gramatical nem logicamente estruturada), com uma existência específica. Em sua singularidade, que o faz aparecer não como um traço, mas como algo que se refere a objetos e a sujeitos, o enunciado entra em relação com outras formulações.

Numa abordagem da língua vista por ela mesma – quer dizer, como algo autônomo, homogêneo, a-histórico, atemporal, apolítico, assujeitado etc. – importa saber quais são as regras que constroem um enunciado e, consequentemente, saber a partir de quais regras outros enunciados semelhantes poderiam ser construídos. Já para a descrição dos acontecimentos discursivos, é preciso perguntar como e por que determinado enunciado – efetivamente dito – surgiu, isto é, como apareceu um determinado enunciado e não outro em seu lugar. Dito de outro modo, ao se compreender por que e como exclui qualquer outro, porque ocupa um lugar que nenhum outro poderia ocupar, é necessário observar a singularidade da existência de certo enunciado, interrogando-o, de modo a entender como e por quais razões (históricas, sociais, econômicas etc.) ele veio à tona em certo lugar/momento e não em outro.

Do que expusemos até aqui, percebemos que o enunciado, na proposta foucaultiana, não é exclusivamente linguístico, ou seja, ele tem natureza semiológica.[4] Um gráfico, uma fotografia, uma pintura, dentre inúmeras outras materialidades, são enunciados não verbais que irrompem a partir de certas condições de emergência. Isso nos leva a pensar a dimensão verbo-visual dos enunciados, constituída a partir de uma inter-relação com os objetos e com os sujeitos, que passa pela história e envolve a própria materialidade.

Além disso, um enunciado nunca tem existência "sozinho" e independente, já que integra um campo associado. Nesse campo, são produzidas séries nas quais o enunciado entra em contato com muitos outros, seja para repeti-los, modificá-los ou adaptá-los; seja ainda para desautorizá-los ou refutá-los. Sua existência, portanto, não se dá de modo livre, neutra e independente.

Enfim, é porque ele possui margens povoadas de outros enunciados que foi possível formular, no campo da Análise do Discurso, o conceito de memória discursiva, englobando memória de palavras, textos e imagens.

Memória discursiva
e (re)produção de sentidos

Ler, compreender e interpretar um enunciado são práticas que impõem, muito concretamente, a análise das condições sociais e históricas de sua aparição. Quando? Onde? Quem? Por quê? No encalço de respostas a esses questionamentos, surgem outros referentes às regras de formação e de controle inerentes aos discursos: o que pode e o que deve ser dito/visto? Por que se diz desse modo e não de outro? Por fim, o leitor precisa perceber que existe uma visibilidade da materialidade linguística/imagética e uma invisibilidade de seu funcionamento. O conceito de memória discursiva se assenta fundamentalmente sobre essa invisibilidade.

Quando se fala em "memória", é preciso ter claro que existe uma pluralidade de memórias – histórica, múltipla, coletiva, plural e individualizada. Foucault (2007), ao formular o conceito de enunciado, ofereceu possibilidades de análises que foram assimiladas pelos analistas do discurso, quando estes se propuseram a interrogar o efeito da memória na atualidade de um acontecimento, mediante descrição e interpretação de materialidades discursivas.

Não se trata, portanto, de uma memória ligada à faculdade humana de adquirir e armazenar conhecimentos, tampouco da capacidade de o indivíduo restituir as lembranças e as informações armazenadas na memória. Em Análise do Discurso, não se faz referência aos aspectos biológicos ou psicológicos da memória. A esse campo do saber interessa tratar, sempre, de uma presença do passado; de analisar o acontecimento como "um ponto de encontro entre uma atualidade e uma memória" (Pêcheux, 2006: 17). E isso é possível porque se reconhece a existência histórica dos enunciados cujos encadeamentos provocam (re)estabelecimentos de sentidos, constituindo redes discursivas e produzindo efeitos de memória específicos. Enfim, os discursos podem se repetir; há repetições que fazem discursos e, ao inscrever seu discurso na ordem da repetibilidade, o sujeito inscreve-o, também, na ordem da formulação/regularização.

Disso tudo decorre, além do caráter essencialmente heterogêneo dos discursos, a ideia de que a memória é constitutiva dos textos, imbricada no domínio das formulações, das identificações/filiações discursivas, enquanto fundamento que regulariza e possibilita a produção discursiva. Em se tratando do imagético, nosso dispositivo analítico permite entender que toda imagem se inscreve em uma cultura visual e que esta convoca, por sua vez, uma memória visual, ou seja, uma memória das imagens. A exemplo das materialidades linguísticas, as imagéticas somente são interpretáveis, analisáveis, se forem consideradas a anterioridade e a exterioridade, por meio de traços visíveis na materialidade que apontam para a memória das imagens.

Na perspectiva que propomos aqui, ler é dar conta desse efeito de memória; é percorrer trajetos tortuosos de sentidos atrelados à história do acontecimento, relacionando-os com outros textos; é partir do princípio de que o sentido não é transparente, pode ser cercado, mas sempre escapa; é refletir sobre a leitura, reconhecendo a possibilidade de haver sempre outra interpretação. É, por fim, assumir que tanto pode haver uma leitura desejável quanto uma leitura rebelde, uma outra não prevista.

Enunciado-imagem do Facebook nas tramas da memória discursiva

Como já dissemos, uma escola que visa a formar leitores capazes de posicionarem-se de maneira crítica, responsável e construtiva, nas diversas situações comunicativas, não pode negligenciar a internet como espaço de produção de discursos e de construção de sentidos. Dentre os inúmeros espaços enunciativos instalados nas redes, destacamos o Facebook.

À luz dos conceitos apresentados – enunciado e memória –, podemos aprender/ensinar a ler os *feeds* de notícias de forma mais eficiente e mais desconfiada, na medida em que, a exemplo de quaisquer notícias, em quaisquer suportes, eles precisam ser lidos atentamente, interrogando-se sobre os efeitos de verdade e de realidade ali expostos. O mais importante é reconhecer que (i) os acontecimentos são interpretados pelas pessoas que os noticiaram, ou seja, nunca se trata do acontecimento em si; (ii) a instabilidade dos sentidos é inerente a todos os textos, sejam eles verbais ou não verbais ou sincréticos; (iii) a *timeline* reclama um leitor crítico e avisado, capaz de ler o que está publicado na forma de textos e/ou imagens, mas, principalmente, capaz de ler o que não está na evidência, na visibilidade da tela de um computador (e derivados: notebook, celulares etc.), mas o que está no discursivo.

Escolhemos o Facebook porque esse ambiente virtual desempenha, hoje, um papel fundamental na comunicação e na democratização das informações. Além de congregar uma heterogeneidade de campos da ordem do público ou do privado – publicidades, debates, entretenimento, relacionamentos, vídeos, fotos, reportagens –, ele dá voz a milhões de usuários do mundo todo que (para o bem ou para o mal) expressam opiniões acerca dos mais variados temas, quer se trate de uma receita culinária ou do destino político de um país. *Facefriends*, numa velocidade enorme e numa interação sincrônica e assíncrona, trocam experiências, posicionam-se, criticam, expõem imagens, satirizam, recomendam, reclamam e, muitas vezes, influenciam a opinião pública acerca de importantes temas do cotidiano. Não são poucos os casos que demonstram o poder das redes sociais na política, por exemplo, alterando o comportamento de toda uma sociedade, quando interpelada – via web – a participar de movimentos em prol de uma causa social. No estrangeiro, testemunhamos o papel desempenhado pelo Facebook nas manifestações que culminaram com a queda, em 11 de fevereiro de 2011, do ditador Mubarak, que estava há 30 anos na Presidência da República Árabe do Egito. Esse episódio seguiu os passos do que havia ocorrido na Tunísia. Sobre tais acontecimentos, é exemplar um trecho da entrevista realizada pela CNN com Wael Ghonim, executivo da Google que ficou preso doze dias a mando de Mubarak.

> – Tunísia, depois Egito, qual será o próximo? – perguntou o apresentador da CNN Wolf Blitzer a Wael Ghonim [...]
> – *Pergunte ao Facebook!* – respondeu Ghonim de imediato.[5]

Poderíamos apontar muitos outros usos das mídias sociais que organizaram outros protestos, todos guardando as mesmas características: o cidadão comum ganha *status* de protagonista político, podendo, muito rapidamente, integrar esses movimentos (sendo a favor ou contra), usufruindo de certa liberdade de expressão, antes limitada às mídias tradicionais (impressas ou audiovisuais).

Em 2013, o Brasil "sentiu na pele" esse tipo de efeito. É precisamente sobre esse acontecimento que proporemos um exercício analítico de leitura para o qual selecionamos um texto verbo-visual veiculado no Facebook em 14 de junho de 2013. Trata-se de um post em cujo plano visual destacam-se duas fotografias: a primeira, editada na parte superior de uma fotomontagem, foi captada pelas lentes do famoso fotógrafo Evandro Teixeira,[6] no momento em que um militante é perseguido por militares e cai na calçada diante do Teatro Municipal, na Cinelândia (Rio de Janeiro), em 1968. A foto tornou-se célebre e virou um ícone desse passado ditatorial, conhecido como "tempos de chumbo". A segunda fotografia, visível na parte inferior e de autor desconhecido, igualmente flagra um conflito entre policiais e um manifestante, agora em 2013. Ambas apresentam muita similaridade imagética e são identificadas com as seguintes legendas: "ditadura, 1968", referente à primeira imagem e "democracia, 2013", referente à segunda.

Segundo Foucault (2007), antes de qualquer outra coisa, importa tratar os discursos em sua positividade, ou seja, em suas condições espaciais e temporais de aparição. Daí a primeira questão para desenvolvermos este trajeto de leitura: *quais são as condições de existência dos enunciados desse texto-imagem?*

O post[7] irrompe no Facebook pelo trabalho de divulgação e disseminação de uma página denominada "Acorda Brasil",[8] em junho de 2013. Não se trata de

126 Ensino de Português e Linguística

uma visibilidade isolada; inúmeras outras páginas compartilharam, senão o mesmo texto-imagem, outros que se inscrevem nessa mesma regularidade, nessa mesma formação discursiva. São textos e imagens cujos discursos inserem-se em um campo em que podem ser estabelecidas as regras de formação, as semelhanças formais, as continuidades temáticas e os jogos polêmicos que apresentam o novo na repetição.

Sincronicamente, encontramos uma enormidade de outros posts que dão existência material a enunciados que, assim como "Acorda Brasil", apontam para uma insatisfação generalizada da sociedade com relação a aspectos sociais e políticos. Estamos nos referindo a enunciados como "Brasil, mostra sua cara", "Vem pra rua", "O gigante acordou", que ganharam forma, som, dizibilidade e visibilidade nas redes sociais e, principalmente, nas ruas de diversas cidades brasileiras, quando ocorreram as manifestações lideradas pelo movimento Passe Livre.

Segundo a midiatização do acontecimento, aqueles dizeres foram bradados por multidões ávidas em assegurar seus direitos sociais e individuais. Em meio à complexidade e às especificidades desse tipo de levante democrático, acompanhado em esfera internacional, ganharam especial relevo os discursos que repudiavam a corrupção, a violência e o uso indevido de dinheiro público, além daqueles que, por extensão, reivindicavam transportes a um preço justo, escolas e hospitais de qualidade. Enfim, entrou na ordem desses discursos toda sorte de serviços oferecidos pelos governos, que deveriam garantir o desenvolvimento social e o bem-estar dos cidadãos.

Sem enveredar esta análise por vertentes sociológicas para tentar explicar as causas/consequências dessa manifestação, que alcançou momentos de fúria, quando houve confronto com a polícia militar (destacado no post selecionado), e de vandalismos, quando houve saqueamento e depredação de patrimônios públicos (apagado/silenciado na seleção de imagens do mesmo post), queremos pensar precisamente nos sentidos (re)produzidos no texto verbo-visual. O mais importante, aqui, é ficar claro que todo gesto de interpretação é regulado por mecanismos de poder; que, ao se propor um exercício de leitura como este em sala de aula, é fundamental ter em conta os modos como as instituições – a escola, a mídia – controlam e normatizam os gestos de interpretação, regulando o *como*, o *onde*, o *quem* e o *que* se interpreta.

Partindo das condições de existência e de circulação dos enunciados e da premissa segundo a qual os sentidos não emanam das palavras ou das imagens em si, segue a segunda pergunta: *quais efeitos de sentido o texto verbo-visual produz, considerando o retorno a uma memória enraizada na nossa história do período ditatorial?*

Para responder a essa pergunta, é necessária a reconstrução do acontecimento passado, compartilhado, e o reconhecimento por parte do leitor da estabilização dos sentidos em torno do enunciado ditadura. Tal reconstrução poderia ser realizada a partir de uma pesquisa, um trabalho em equipe, ou mesmo mediante a participação de um professor de História, para que a memória do período ditatorial seja atualizada. Sem esse conhecimento prévio, os alunos não apreenderão os efeitos de sentido do post, ou seja, não conseguirão ler.

Uma vez contextualizado o tema, é fácil notar que se trata de uma fotomontagem destinada a um número incalculável de usuários leitores, produzindo e reproduzindo sentidos a serem apreendidos em redes de memórias, onde encontram consonâncias e dissonâncias com outros discursos articulados ao regime ditatorial do nosso país (1964-1986).

Na parte de cima da figura, como já adiantamos, há uma foto, em preto e branco, de 1968, que captura um momento em que homens da polícia do exército valem-se da força bruta para atingir um senhor que, quase caído no chão, é alvo dos cassetetes. Abaixo, há outra foto, agora colorida, que captura o "mesmo" acontecimento, 45 anos depois. Na semelhança de ambas, deparamo-nos com pessoas perseguidas e agredidas, figurando como alguém punido, por ter se manifestado contra o governo ou o Estado. Os enunciados verbais acrescidos às fotos – "ditadura, 1968" e "democracia, 2013" – fazem aberta alusão a um retorno, na atualidade, dos procedimentos de controle utilizados pela polícia do exército durante a ditadura militar.

Cada detalhe do enunciado verbo-visual compõe um conjunto de traços de significação que produzem a (re)memoração de um passado doloroso, convocando o leitor (usuário do Facebook) a ver os policiais militares de hoje, em pleno regime democrático, valendo-se dos mesmos recursos e práticas utilizados pela polícia do exército, em 1968, com o objetivo de reprimir, silenciar, punir os manifestantes do movimento Passe Livre.

Estamos, pois, diante de uma regularidade enunciativa que retoma discursos profundamente arraigados em nossa sociedade, funcionando como condição de legibilidade e enunciabilidade. São discursos acomodados e, ao serem recitados, reestabelecem os confrontos que se deram quando os militares – acompanhados de não poucos civis – opuseram-se ao então governo de João Goulart. Todos nós conhecemos minimamente o desdobramento do golpe militar de 1964: ao destituírem o presidente da República legalmente eleito, os golpistas assumiram o governo do Brasil e iniciaram uma história cravejada de censura, violência, perseguição, prisão, tortura, mortes e desaparecimentos de muitos militantes; uma história, enfim, de terror e de guerrilha, legitimada pela Lei de Segurança Nacional e, mais tarde, pelo Ato Institucional n. 5.

A constituição da memória discursiva dessa época deixa pouca brecha para imagens e palavras com referências positivas, o que não significa que não haja. Isso porque

128 Ensino de Português e Linguística

a existência dos enunciados, como vimos, nunca é aleatória ou fortuita, tampouco é isolada. No jogo de relações que configuram o aparecimento da violência nas imagens veiculadas, em hipervisibilidade na internet, os enunciados ali materializados estão excluindo outros enunciados e se correlacionando com muitos outros, todos articulados em um campo de coexistência. Estão, portanto, inseridos no campo associado de outras formulações, estas que podem ser repetidas, refutadas ou mesmo negadas, produzindo efeitos de memória específicos. Seguindo essa linha de raciocínio, a justaposição de imagens no post, ligando o presente ao passado, reconfigura uma série de implícitos que falam notadamente da atuação da polícia para controlar, reprimir e silenciar quaisquer movimentos políticos e sociais contrários ao regime no poder.

Uma vez que há sempre já um discurso (incessantes retomadas de já-ditos), a leitura aqui reclama um trabalho crítico-reflexivo do leitor, ou seja, examinar o que possibilita o enunciado. Trata-se de apreender os sentidos, (re)estabelecendo outros enunciados a que estão ligados – os produzidos e circulados na época da ditadura militar no Brasil –, considerando não apenas as situações que o provocaram – manifestação Passe Livre –, tampouco somente as consequências por eles ocasionadas – embate entre polícia e manifestantes –, mas, a um só tempo, enunciados que o precedem e o seguem, ainda que de materialidades diferentes.

Nesse contexto, os efeitos de sentido apontam para efeitos de verdade. Eis outro importante ponto para avançarmos neste trajeto: *quais efeitos de verdade são produzidos no/pelo post "Acorda Brasil"?*

Quando falamos de verdade, no âmbito dos estudos do discurso, estamos falando de algo construído pelas/nas relações de poder-saber. Para Foucault (2001), trata-se sempre de uma verdade historicamente construída, que muito se distancia da concepção de verdade metafísica e transcendente. Disso decorre que, ao ler um texto ou imagem, o leitor não percorre trajetos em busca de alguma verdade que estaria lá para ser descoberta como verdade; a ele cabe interpretar os efeitos de verdade produzidos, considerando os jogos de relações inscritos no interior dos discursos que não são, em si, nem verdadeiros nem falsos.

A existência histórica e material dos discursos veiculados no Facebook, em sua heterogeneidade, encontra nesse ambiente virtual um lugar muitas vezes legitimado para o sujeito poder dizer/mostrar o que pode funcionar como verdadeiro. É o caso do post "Acorda Brasil" e de muitas outras postagens cujas verdades estão apoiadas em saberes históricos inquestionáveis e atualizados na repetição de imagens fotográficas. Havia 2.467 "curtir" e 8.941 "compartilhar" referentes à fotomontagem em questão, permitindo-nos dizer que todos esses usuários interpretaram a fotomontagem como uma demonstração da verdade sobre os embates ocorridos durante as manifestações. Mais do que isso, os leitores foram convidados a se identificar com a produção dessa verdade que, além de condenar a ditadura e os policiais, alertava para o retorno da opressão, restringindo a liberdade, e da repressão triunfando sobre a resistência.

Quando, em regra, um usuário do Facebook curte e ou compartilha um post, ele diz a todos os seus *facefriends* que leu aquele texto/imagem e que "concorda", "gosta", "pensa igual", "diria o mesmo", "solidariza-se", enfim, "tem a mesma opinião sobre". O simples e rápido ato de marcar o "curtir" e o "compartilhar" no post "Acorda Brasil" contribuiu para que ele se propagasse pela rede – como um vírus – e pudesse ser acolhido por um número incalculável de pessoas que, em conjunto, faz esse discurso funcionar como verdadeiro.

Dentre os inúmeros comentários que espelham o efeito de veracidade do acontecimento, vale destacarmos o seguinte: "Isso fala sobre a violência policial e a truculência utilizada por eles. Vi muitas imagens revoltantes deles atirando e batendo em pessoas desarmadas e que não representavam nenhum risco. Uma verdadeira VERGONHA NACIONAL".[9]

Na perspectiva de leitura que estamos tratando, o leitor não espelha as verdades dadas a ler na evidência dos sentidos; tampouco se acomoda numa posição de sujeito leitor que reproduz e reinventa o mesmo discurso. A ele, o leitor, cabe interrogar a materialidade do enunciado – cada traço significativo e constitutivo do texto – buscando apreender as relações históricas, as regras de formação do discurso e as condições que permitem o aparecimento de certos enunciados e o silenciamento de outros. Além disso, ele precisa observar, no entrecruzamento da memória, a permanência, o deslocamento e o apagamento de sentidos que falam, no caso do post do "Acorda Brasil", das verdades sobre a repressão ditatorial, ontem e hoje.

Particularmente sobre a repetição dessas verdades, o usuário leitor do *feed* de notícias do Facebook, antes de se posicionar (curtir e/ou compartilhar), não pode deixar de analisar o entrecruzamento dos discursos selecionados, filtrados e combinados, de modo a produzirem um efeito de legitimidade. Nesse gesto de leitura, percebemos que, na base das formulações imagéticas, existe a pretensa neutralidade objetiva da fotografia, na medida em que elas parecem informar o que *realmente* aconteceu, tanto antes (1968) como depois (2013).

A fotografia vista como fonte fidedigna de uma informação veiculada pela mídia é tema de ampla e complexa discussão. O que anos atrás significava uma mera ilustração de um texto jornalístico, muito rapidamente transformou-se no recurso mais impactante na construção e divulgação de um acontecimento. Na década de 1970, Roland Barthes se engajou nessa discussão, particularmente a propósito das fotografias-choque (catástrofes, incêndios, mortes violentas), argumentando que elas seriam falsas. Ao flagrar o acontecimento "ao vivo", a fotografia-choque registra um estado intermediário entre o que de fato aconteceu –

o literal – e o que se idealiza – o majorado. A propósito de um efeito traumático, por exemplo, nenhum valor, nenhum saber, nenhuma imagem ou palavra é capaz de ter domínio sobre o processo de significação (Barthes, 1980).

À falsidade de que fala Barthes somam-se o crivo e a seleção dos acontecimentos históricos que possibilitaram as produções imagéticas constitutivas do post "Acorda Brasil". Temos uma seleção de imagens, pois, de uma quantidade enorme de fotografias tiradas das manifestações, apenas algumas são dadas a ver. Já nesse processo seletivo, desaparece qualquer indício de neutralidade; há, seguramente, uma visibilidade interessada.

Brutalidade, violência e confrontos estão investidos de sentidos implícitos associados a uma memória que cria, imediatamente, um espetáculo, convocando o leitor a se envolver racional e emocionalmente com um post caro a uma mídia desejosa de adeptos ao movimento Passe Livre, além de desejosa de muitos "curtir" e "compartilhar". Entretanto, sob o agenciamento das imagens que noticiam os excessos da polícia e alertam para as práticas ditatoriais em época de democracia, estão tanto o olhar subjetivador do fotógrafo quanto o trabalho garimpeiro que deixou de fora outras verdades e outras imagens.

Nesse jogo entre remanescência e apagamento, desprezam-se os acontecimentos que não têm um valor relevante para o espaço "Acorda Brasil", no Facebook, valor que não é inerente ou essencial, mas atribuído.

Cabe, por fim, uma última questão: *de que modo as formulações de Michel Foucault, em torno dos conceitos de enunciado e de memória, participariam do ensino da leitura?*

Como esperamos ter mostrado em nossas análises do texto verbo-visual, publicado no Facebook, a interpretação exige o reconhecimento de que se trata de um acontecimento. Por isso, em nosso trajeto de leitura, atentamos para (i) as condições de existência que determinam a materialidade própria do enunciado-imagem; (ii) o fato de que, como todo acontecimento, o enunciado-imagem é único, mas possui uma materialidade repetível e um campo associado. Ao fim do trajeto, há que se dizer que estamos diante de invisibilidades profundas, daí ser impossível esgotarmos as possibilidades interpretativas.

É justamente essa incompletude que exige um leitor de olhar múltiplo, capaz de assumir várias posições de leitura e reconhecer algo mais, irredutível à língua e à própria imagem. Os deslizamentos de formas, a historicidade do discurso e as expectativas de interpretação surgem, para esse leitor, como verdades que precisam ser questionadas; como certezas que, não raro, precisam ser desestabilizadas.

Para que nossos alunos da educação básica possam entrar competentemente em um jogo de imagens, a escola precisa saber lidar, também, com a quantidade, diversidade e velocidade de enunciados verbo-visuais que circulam nas mídias sociais, fortemente presentes nas discursividades contemporâneas. Ao incorporarmos esses textos como material de leitura na escola, abriremos a possibilidade de os alunos aprenderem a lê-los com mais cuidado, atentando para os efeitos de memória que, ao mesmo tempo em que fundamentam os sentidos, apontam para outros sentidos, muitas vezes, despercebidos na dinâmica cotidiana e rápida das leituras da tela de um computador.

Procuramos mostrar, ainda que com um único exemplo, que o Facebook está longe de ser unicamente uma ferramenta de disseminação de informações, opiniões, fotografias, músicas, emoticons, vídeos etc. Com efeito, ao desenvolver uma atividade de leitura de textos como a que selecionamos para este exercício analítico, o professor contribui não apenas para a formação de bons alunos leitores, mas também para a formação de sujeitos capazes de analisar criticamente o cotidiano dos ambientes virtuais, relacionando acontecimentos e memórias, de modo a conseguirem interagir mais coerentemente tanto online quanto off-line. São práticas que chamam a atenção para a possibilidade de o sentido ser outro, sendo necessário refletir e se posicionar criticamente em relação ao que veem, curtem e compartilham.

Notas

[1] O *feed* de notícias é a lista de atualização das histórias das páginas e pessoas que o usuário do Facebook segue, incluindo *status,* fotos, vídeos, links e curtidas.

[2] Há muitas outras abordagens teóricas que tratam de enunciados verbo-visuais: a Semiologia de Roland Barthes, a Semiótica da Escola de Paris, a Retórica da Imagem e a Semiologia de Charles Sanders Pierce são alguns exemplos.

[3] No conjunto da imensa e vigorosa obra de Michel Foucault, o discurso é tomado como uma prática social e, consequentemente, como uma categoria fundamental e fundante do sujeito, do saber e do poder. Suas formulações expressas na *Arqueologia do saber*, livro publicado em 1969, são determinantes para a construção da Análise do Discurso.

[4] Do grego *semêion* (= signo) + *logia* (= estudo), Semiologia é, em linhas gerais, um campo do saber que estuda os sistemas de signos.

[5] Disponível em: <http://oglobo.globo.com/mundo/redes-sociais-desempenharam-papel-fundamental-na-queda-de-mubarak-afirmam-especialistas-2823615>. Acesso em: 20 jun. 2014.

[6] Disponível em: <http://cartamaior.com.br/?/Coluna/A-fotografia-como-resistencia-politica-Evandro-Teixeira-e-a-ditadura-brasileira-/31608>. Acesso em: 15 fev. 2016.

[7] Disponível em: <http://sites.unicentro.br/wp/geduni/2016/02/16/12/>. Acesso em: 16 fev. 2016.

[8] Disponível em: https://www.facebook.com/LukkOficial/?fref=ts

[9] Disponível em: http://sites.unicentro.br/wp/geduni/2016/02/16/12/ Acesso em: 16 fev. 2016.

Referências

BARTHES, R. *Mitologias.* Rio de Janeiro: Difel, 1980.

FOUCAULT, M. *Arqueologia do saber.* Rio de Janeiro: Forense Universitária, 2007.

_____. *A ordem do discurso.* São Paulo: Loyola, 2001.

PÊCHEUX, M. Papel da Memória. In: ACHARD, P. et al. *Papel da memória.* 2. ed. Campinas: Pontes, 2007.

_____. *O discurso*: estrutura ou acontecimento. 4. ed. Campinas: Pontes, 2006.

ANEXO

Plano de aula

Objetivos: aprimorar e exercitar a leitura de textos verbo-visuais.

Conteúdos específicos:
* efeitos da memória na leitura de enunciado-imagem;
* correlações entre discurso, história e produção de sentidos;
* efeitos de verdade em textos que circulam nas mídias sociais.

Ano/Série escolar: 2° e 3° anos do ensino médio

Número de aulas previstas: 2

Desenvolvimento:

Primeira aula

Para esta aula, é importante haver uma conexão com a internet, seja na sala de aula ou no laboratório; na ausência disso, é necessário levar o material de trabalho impresso.

1° momento:

Partindo do princípio de que toda produção textual/discursiva é regrada pelas condições sociais e históricas dos enunciados, o professor, em um primeiro momento, navega com os alunos pela página do Facebook denominada "Acorda Brasil" ou por outra que tenha como foco as mesmas reivindicações. Faz um *overview* (visão geral) da página, atentando para as regularidades das imagens e para os comentários postados. Explica que ler um *feed* de notícias, em especial as imagens que nos atingem em nosso cotidiano, requer identificar os enunciados materializados pelos textos. Para isso, confirma com os alunos que os textos publicados naquela página:

a. falam de algo: o quê?
b. possuem um sujeito que enuncia de um determinado lugar: quem é ele?
c. foram produzidos no bojo de um acontecimento histórico: qual? quando?
d. a designação da página aponta para algumas finalidades específicas, de acordo com condições de produção dos discursos igualmente específicas. Quais?

2° momento:

Pedir à turma para ler outras informações e comentários sobre o mesmo acontecimento. Sob a *hashtag* (#) « brasilmostrasuacara », « vemprarua » e « ogiganteacordou », é possível comparar os mesmos e os diferentes enunciados e explicar o fato de que todo acontecimento implica (i) a novidade – ruptura histórica associada, muitas vezes, à regularidade dos enunciados; (ii) a irrupção de uma singularidade aguda em dado momento histórico; (iii) a atualidade.

a. com que outros enunciados é possível estabelecer consonâncias (conformidade) e/ou dissonâncias?
b. os enunciados dados a ler derivam de uma série de outros acontecimentos; apresentam-se como um nó em uma rede, tramada por acontecimentos econômicos, sociais e políticos. Que acontecimentos são esses?
c. que enunciados excluem?

Segunda aula

Uma vez trabalhadas as condições de existência dos enunciados, de forma geral, nessa aula é possível olhar, explicitar, descrever e interpretar o texto verbo-visual selecionado. Acessar a imagem em http://sites.unicentro.br/wp/geduni/2016/02/16/12/.

1º momento:

Tratar de cada detalhe da fotomontagem, pontuando particularmente a memória constituída no tempo da ditadura. Estimular um debate com a turma a partir dos seguintes encaminhamentos:

a. Essa construção ocorre por meio de um jogo interdiscursivo que se estabelece entre as duas imagens. Quais elementos visuais se repetem e quais se diferem nas duas fotos? (As fotos mostram a polícia do exército em uma, e a polícia militar em outra; na primeira, um homem está visivelmente desarmado e sendo covardemente agredido; na segunda, a visibilidade está comprometida, não sendo possível identificar para além dos cinco policiais abordando, com cassetetes e investidas corporais, um indivíduo).
b. A propósito da reação da polícia nas duas fotos, estamos diante do mesmo acontecimento? (Não. Trata-se de um repetição forjada, em atendimento a uma posição de sujeito a favor do movimento Passe Livre).
c. Precisamente sobre as inscrições verbais "ditadura, 1968" e "democracia, 2013", quais são as características desses regimes de governo? (A esse respeito, sugerir que os alunos acionem um trabalho interdisciplinar, entrevistando um professor de História, procurando textos, fotos, artigos de jornais, revistas, periódicos que os ajudem a reconhecer as principais características dos dois regimes. O mais importante é os alunos atualizarem discursos profundamente arraigados em nossa sociedade, funcionando como condição de legibilidade e enunciabilidade (memória) da fotomontagem – repressão, tortura, desaparecimento de militantes, mortes, silenciamento, violência etc.). Ao compor a fotomontagem que dá visibilidade às semelhanças da atuação da polícia, quer na ditadura, quer na democracia, que imagens e discursos são excluídos dessa regularidade? (vandalismo, depredação do patrimônio público e saqueamento são alguns elementos silenciados na atualização dos sentidos que falam de uma investida policial, que a exemplo do período de chumbo, reprime os manifestantes pelo simples fato de se manifestarem).

2° momento:

Uma vez reconhecido o silenciamento, estimular um debate em torno do seguinte: "Brutalidade, violência e confrontos estão investidos de sentidos implícitos associados a uma memória que cria, imediatamente, um espetáculo, convocando o leitor a se envolver racional e emocionalmente com um post caro a uma mídia desejosa de adeptos ao movimento Passe Livre, além de desejosa de muitos "curtir" e "compartilhar". Entretanto, sob o agenciamento das imagens que noticiam os excessos da polícia e alertam para as práticas ditatoriais em época de democracia, estão tanto o olhar subjetivador do fotógrafo quanto o trabalho garimpeiro que deixou de fora outras verdades, outras imagens".

Momento final (avaliação): após essas explanações, avaliar a atividade de leitura, apresentando uma proposta de produção textual. Nessa produção, os alunos deverão demonstrar os efeitos de sentido apreendidos e ponderar os mecanismos de produção da verdade sobre a repetição de uma prática ditatorial em época de democracia.

Sugestões de leitura para o professor:

GREGOLIN, M. R. O enunciado e o arquivo: Foucault (entre)vistas. In: SARGENTINI, V.; NAVARRO-BARBOSA, P. M. *Foucault e os domínios da linguagem*: discurso, poder, subjetividade. São Carlos: Claraluz, 2004, pp. 23-44.

REZENDE, M. J. de. *A ditadura militar no Brasil*: repressão e pretensão de legitimidade: 1964-1984 [livro eletrônico]. Londrina: Eduel, 2013. Disponível em: <http://www.uel.br/editora/portal/pages/arquivos/ditadura%20militar.pdf>. Acesso em: 5 maio 2015.

WITZEL, D. G; KOGAWA, J. *Discurso, memória e trajetos de leitura sobre natureza morta.* Disponível em: <http://online.unisc.br/seer/index.php/signo/article/view/2791>. Acesso em: 5 maio 2015.

Metáforas, metonímias e parábolas na construção do sentido e na produção textual

Aline Pereira de Souza

Ao ler uma revista semanal, ou mesmo uma manchete de notícia em um site qualquer na internet, é comum nos depararmos com enunciados do tipo: "Mensalão vai dar cadeia"[1] ou "Elogiada pela Fifa, Rússia faz Copa mais compacta e cara".[2]

Quando qualquer pessoa lê esse tipo de enunciado, presumimos que ela entenda que Mensalão não é uma pessoa que está ofertando cadeia a alguém. Mesmo que essa pessoa esteja desinformada a respeito do contexto político do país, ela fará ideia de que esse enunciado quer dizer que algum evento, denominado Mensalão, resultará em prisão para os envolvidos. Em relação ao segundo enunciado, o leitor também entenderá, possivelmente, que não é a Rússia que fará a Copa mais compacta e cara, mas as pessoas russas envolvidas no evento, e também que Fifa não é o nome de uma pessoa que faz um elogio, e sim uma organização composta por várias pessoas e uma dessas, em nome da organização, é que deve ter feito o elogio.

Ambos os enunciados, tomados apenas como exemplo, servem para ilustrar como a linguagem figurada está presente em diversos contextos do nosso dia a dia. Linguagem figurada, de acordo com Gibbs e Colston (2012: 01), seria um modo de dizer diferente do literal. Para os autores, inclusive, essa linguagem é entendida tão rapidamente quanto a linguagem literal,[3] se estiver contextualizada.

Na visão tradicional, a linguagem figurada foi vista por muito tempo apenas como recurso de estilo, usada apenas no contexto literário. Entretanto, a partir de trabalhos pioneiros como os de Lakoff e Johnson (1980) e Turner (1996), ganhou espaço a ideia de que essa linguagem não é peculiar à literatura, mas está muito presente em nossas comunicações diárias.

Com base no ponto de vista cognitivista, propomos neste capítulo realizar um estudo de análise crítica de alguns textos que podem ser usados nas aulas de Língua Portuguesa para incentivar uma interpretação textual mais rica para alunos da série final do ensino fundamental (9º ano) e do ensino médio. Para analisar esses textos, utilizamos o referencial teórico da Linguística Cognitiva, especialmente a chamada Teoria da Integração Conceptual, ou *blending*.

Destacamos a importância de se compreender os processos de projeção e as parábolas utilizadas nos textos, no sentido de visualizar seus efeitos persuasivos. Nesse sentido, especial atenção é dada às metáforas, metonímias e parábolas que são formas de projeção muito utilizadas e, muitas vezes, também responsáveis pela construção do sentido.

Metáforas, metonímias e parábolas

Para nossa reflexão, utilizamos as "ferramentas" fornecidas pela moderna Linguística Cognitiva, cuja visão de análise linguística constata a grande capacidade do cérebro humano de realizar projeções, capacidade essa que faz parte da cognição humana e que é e sempre foi fundamental para nossa sobrevivência.

Diversos estudiosos (Fauconnier e Turner, 2002; Gibbs Jr. e Steen, 1999; Lakoff e Johnson, 1980, 1999; Kövecses, 2002 e Turner, 1996) mostram que é por causa das projeções que podemos utilizar textos literários não só como leitura de entretenimento, mas também, em alguns casos, para educar, moralizar e persuadir, uma vez que as projeções facilitam a transmissão das mensagens. É perceptível, também, que essa função de "ferramenta" de argumentação pode ser usada em diversos outros textos que não só os literários, conforme veremos adiante. Pode-se dizer que a metáfora e a metonímia são dois processos de projeção muito utilizados como "estratégias argumentativas" e são quase onipresentes nos textos que produzimos e a que estamos expostos, desde uma conversa diária até um artigo de opinião publicado em jornal de grande circulação.

É com a publicação da obra *Metaphors We Live By* (1980), de Lakoff e Johnson, que a *metáfora* passou a ser tratada como processo fundamental no uso da linguagem do dia a dia. Eles chamaram a atenção para a sua onipresença no discurso cotidiano e a importância central que tais projeções têm na estrutura da linguagem. A partir desses estudos, a metáfora não mais foi considerada apenas um recurso de estilo, ou uma figura de linguagem, usada apenas para "embelezar" um texto. Pelo contrário, passou a ser vista como um mecanismo que envolve a conceitualização de um domínio de experiência em termos de outro: para cada metáfora é possível identificar um domínio-fonte e um domínio-alvo, ou seja, entende-se e experiencia-se uma coisa em termos de outra (cf. Abreu, 2010).

Em outras palavras, a metáfora implica um mapeamento entre domínios em que se escolhe propor algo mais concreto em um domínio-fonte e transpõe-se para algo menos concreto em um domínio-alvo, assim, alguns itens dos *frames*[4] são transpostos de um domínio a outro.

O enunciado "Essa menina é uma flor" é um exemplo de metáfora. Quando produz tal enunciado, o falante utiliza-se da correspondência entre duas ideias, dois domínios – a menina e a flor – para querer significar que a menina e a flor compartilham algumas características, como por exemplo, o perfume e a beleza.

As *metonímias*, por sua vez, também são processos de projeção, entretanto não servem para estruturar um conceito em termos de outro. Em vez disso, elas são associações dentro de um único "domínio" conceitual, permitindo que uma parte de um conceito se transporte a outra.

Quando um falante diz, por exemplo "Comprei cem cabeças de gado", ele não está querendo significar que comprou apenas a cabeça, mas que comprou o boi inteiro, afinal a cabeça é parte do todo que compõe o boi. Visualizamos, dessa forma, o que significa dizer que a metonímia trabalha apenas com um domínio, diferentemente da metáfora que trabalha com dois.

Nesse sentido, dizer que "Aquele menino é um *tsunami*" é uma metáfora, pois faz com que pensemos nas características compartilhadas entre o menino em questão e o *tsunami*, o que, provavelmente, quer significar que o menino é muito peralta e destrói as coisas por onde passa, assim como o *tsunami*. É visível que aqui temos dois domínios em questão: menino e *tsunami*. Por outro lado, quando utilizamos o exemplo "Falta dinheiro para o leite das crianças", estamos utilizando uma metonímia, na medida em que, provavelmente, pretende-se dizer que não há dinheiro para comprar alimentos em geral, e não apenas o leite, que é um alimento desses. Ou seja, aqui temos apenas um domínio, o dos alimentos, e o leite é um dos alimentos que compõem esse domínio (Abreu, 2010).

Abreu (2010) chama nossa atenção para o fato de que essas reflexões (dentro da Linguística Cognitiva) sobre a metáfora e a metonímia foram de suma importância para nos fazer pensar que elas não são apenas figuras de linguagem, mas um recurso conceitual largamente utilizado pelos seres humanos em seu dia a dia, principalmente quando entram em ação nossas emoções. Além disso, é importante considerar que o uso das metáforas e metonímias independe de idade

138 Ensino de Português e Linguística

e escolarização, o que é fator relevante e interessantíssimo, que deve nos motivar a trazer tal discussão em sala de aula.

Com o passar dos anos, muitos outros teóricos continuaram estudando as projeções, em especial as metáforas, sob essa perspectiva. O conceito de *blend* (mesclagem), em cuja aplicação e estudos também nos baseamos, vem para dar conta da seleção de elementos dentro dos domínios, pois é o *blend* que explica metáforas mais complexas em que alguns dos traços do *frame* são desabilitados, conforme diz Abreu (2010). Um *blend*, segundo Turner (2014), é um novo espaço mental[5] que contém alguns elementos de diferentes espaços mentais (os espaços de entrada) numa teia mental, mas que desenvolve o seu significado próprio (cf. Turner, 2014: 06).

As projeções são muito presentes, hoje, em textos veiculados nas redes sociais. É bastante comum, no Facebook, por exemplo, depararmo-nos com mensagens construídas com base em metáforas. O enunciado a seguir, extraído da página "Sábias Palavras" (http://www.facebook.com/sabiaspalavras), ilustra bem o que afirmamos:

> "Lindo é quando alguém escolhe pousar ao teu lado podendo voar. Podendo encontrar até outros ninhos, outros caminhos, escolhe ficar."[6]

É perceptível que nesse enunciado há uma aproximação metafórica entre "seres humanos" e "aves", ao se dizer que alguém escolhe "pousar" ao lado de outro alguém mesmo podendo "voar"; as ações de "pousar" e "voar" não são próprias de seres humanos, mas de pássaros, assim como a referência a "ninhos". A projeção entre os domínios de "aves" (*input* 1) e de "seres humanos" (*input* 2) é ilustrada no esquema a seguir (Figura 1), tendo como resultado o espaço *blend*.

Figura 1 – Esquema *blending*

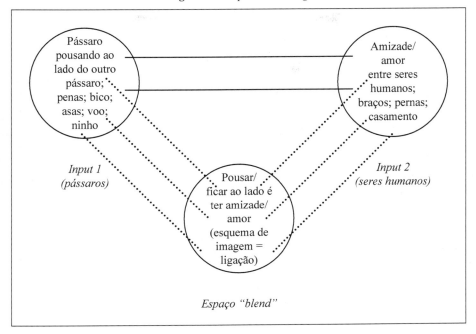

No modelo do *blending*, fica claro que nem todas as características do *frame* dos domínios de origem (*input* 1 e *input* 2) costumam ir para o domínio-alvo (espaço *blending*). Pode-se dizer, nesse caso, que características como penas, bico e asas são "desabilitadas".

Em seus estudos sobre as metáforas, Lakoff e Johnson constataram que existem algumas, quase sempre as mesmas, que são empregadas regularmente em diferentes línguas do mundo, a partir de domínios conceituais que configuram organizações coerentes da experiência humana e que representam a maneira como pensamos e agimos. Essas metáforas são empregadas frequentemente para explicar teorias e modelos (conceitos mais abstratos), ligando uma ideia a outra, para garantir uma melhor compreensão, já que aparecem em ações básicas do cotidiano. São as chamadas *metáforas primárias*, propostas por Lakoff e Johnson (1980, 1999) e Grady (1997), como estes exemplos:

Afeição é calor: *Ela abraçou o namorado calorosamente.*
Importante é grande: *Ele é um grande homem.*
Felicidade é para cima: *Ela é uma pessoa que está sempre para cima.*
Intimidade é proximidade: *Ela é muito próxima a mim.*
Dificuldades são pesos: *Essa tarefa está pesada.*
Similaridade é proximidade: *Essa resposta está bem próxima da resposta correta.*
Escalas lineares são trajetos: *Essa dor vai além do que eu suporto.*
Organização é estrutura física: *Agora que as peças dessa história se encaixaram, pude entender.*
Ajuda é sustentação: *Eu sustento minha família.*
Tempo é movimento: *O tempo voa.*
Estados de espírito são espaços físicos: *Estou perto de uma depressão, a próxima coisa que der errado vai me pôr na beira do abismo.*

De acordo com esses autores, as experiências que fundamentam as metáforas primárias são adquiridas ao longo da vida, desde a infância. Por exemplo, quando crianças, somos pequenos e as pessoas importantes para nós normalmente são adultos; logo, *importante é grande*, ou, em outro exemplo, quando estamos no colo dos pais, sabemos que o conforto é colo e o colo é quente, logo *afeição é quente*.

Assim, a ideia de que alguns conceitos podem ter estrutura metafórica é referida por Lakoff e Johnson como a Teoria da Metáfora Conceptual. Essa teoria centra-se na metáfora como um dispositivo cognitivo que atua como um modelo para expressar a natureza de outras ideias/formas mais difíceis de conceituar. Segundo os autores, portanto, a metáfora é um processo cognitivo que nos ajuda a conceitualizar a nossa experiência por meio da criação de correspondências entre as coisas facilmente compreendidas e outras mais difíceis de entender.

É fundamental notar que as metáforas conceituais estão quase sempre ancoradas na experiência corporal. Para Lakoff e Johnson (1999: 22), os conceitos humanos não são reflexos da realidade externa, mas tomam forma através de nosso corpo e cérebro, principalmente pelo nosso sistema sensório-motor; em outras palavras: a apreensão do mundo com base em nossas experiências corporais revela o processo de corporificação. É como se para apreender o mundo nós utilizássemos como base nosso próprio corpo.

Alguns esquemas de imagem com os quais lidamos cotidianamente são: EQUILÍBRIO[7] (*BALANCE*); PERCURSO, que é composto de três elementos: ORIGEM, TRAJETO E META (*SOURCE, PATH, GOAL*); CONTATO (*CONTACT*); BLOQUEIO (*BLOCKAGE*); DINÂMICA DE FORÇAS (*FORCE-DYNAMICS*); CONTAINER, com as "partes" dentro, fora, fronteira.

É visível que constantemente utilizamos expressões em que nos valemos das nossas experiências corporais para atribuir significados a elas e, então, entram em cena os esquemas de imagem acima referidos. Quando dizemos, por exemplo: "A minha vida não vai para frente", estamos usando o esquema de imagem do PERCURSO. Quando um falante produz um enunciado como este, em comunicações cotidianas, normalmente o que quer dizer é que as coisas não estão sendo prósperas na vida dele, ou seja, não há conquistas ou coisas agradáveis. Entende-se, portanto, que esse uso não pretende que o interlocutor entenda o enunciado "ao pé da letra", pensando que a vida é algo animado que se move em direção à frente.

É diferente, por exemplo, da situação em que se pede uma indicação de localização a alguém. Suponhamos que uma pessoa qualquer está procurando um determinado estabelecimento comercial e, sem ter certeza da exata localização do endereço, pergunta a alguém onde tal estabelecimento pode ser encontrado. Caso a resposta da pessoa seja algo do tipo "Siga em frente", agora não temos mais um esquema de imagem, haja vista que a afirmação é literal: você deve seguir adiante para encontrar o destino pretendido.

É importante notar, entretanto, que há algo que liga o uso literal dessa expressão ao uso do esquema de imagem: em ambos os casos, subjaz a ideia de progresso, no trajeto-percurso. Quando há o uso metafórico no exemplo "vida que não vai para frente", entende-se, conforme já explicamos, que a pessoa quer dizer que sua vida não progride. Ou seja, há a ideia de avanço (encarada como algo bom) *versus* a ideia de retrocesso (encarada como algo ruim). Já no exemplo literal, da procura da localização de um estabelecimento que se encontra algumas quadras à frente, também é necessário que haja um progresso para que se chegue ao lugar pretendido. Percebemos, portanto, que em ambos os exemplos, o esquema remete ao domínio "espaço físico", mais concreto.

Abreu (2010) nos dá alguns exemplos de outros esquemas de imagens, como:

EQUILÍBRIO: *Aquele professor é um desequilibrado!*
LIGAÇÃO: *Mantenha contato!*
DINÂMICA DE FORÇAS: *Procure não bater de frente com as autoridades.*
EXCESSO: *Aquele problema foi a gota d'água.*

A corporificação é um conceito que caracteriza a experiência e, por meio das projeções, aparece em larga escala tanto nos textos escritos como, principalmente, em nossas conversas diárias, independentemente do grau de letramento dos falantes.

Essa constatação é importante à medida que sugere que a corporificação bem como a percepção e entendimento do mundo por meio de projeções não estão relacionados com a escolarização, o que sustenta a importância de se olhar para esses "fenômenos" como constituintes da cognição humana. Se sairmos às ruas e perguntarmos às pessoas o que significa a expressão anteriormente usada ("A minha vida não vai para frente"), elas certamente terão explicações bem plausíveis e próximas, tais como: "Você quer dizer que sua vida não evolui, que nada de melhor acontece nela etc."

A questão cultural é bem presente na construção de enunciados metafóricos. Comprovando o que apontam os autores, aqui no Brasil, devido ao gosto pelo futebol, nós utilizamos várias metáforas futebolísticas no dia a dia, como: *Lupo dribla setor em crise e cresce transformando peça básica em moda*[8] ou *Garoto dribla a morte e joga Copa das crianças de rua*[9]. Nas figuras a seguir (Figura 2 e Figura 3), encontramos exemplos dessas metáforas em campanhas beneficentes. Nelas, quando convidado a "fazer um gol", seja pela infância brasileira ou pelos pacientes com câncer, o leitor pode se sentir mais inclinado a ajudar, subentendendo que a sensação de fazer um gol é benéfica, já que é fazendo gol que se contribui para a vitória de um time.

Figura 2 – Campanha LBV

Fonte: www.chaguinha.com.br

Figura 3 – Campanha GAPC

Fonte: http://www.gapc.org.br/#!Faa-um-gol-nessa-Copa/zoom/mainPage/image1ep1

Interessante é verificar que, conforme Abreu (2010) chama a nossa atenção, na metáfora, juntamente com traços, são transferidos também valores do domínio-fonte para o domínio-alvo. Esses valores podem provocar a persuasão do leitor.

Mais importante que apresentar esses conceitos e considerações aos alunos é o fato de fazê-los perceber o quanto as projeções (metafóricas e metonímicas) são presentes nos textos a que eles têm acesso no dia a dia e quanto é importante que eles sejam capazes de decodificá-las, interpretá-las e perceber suas funções nos textos a fim de apreender melhor os sentidos sugeridos.

O propósito do uso tanto das metáforas quanto das metonímias, portanto, conforme apontado por Lakoff e Johnson (1980) e Abreu (2010), é o fato de que elas podem potencializar a comunicação e a argumentação, por extensão, visto que facilitam a compreensão de conceitos abstratos, ao concretizá-los em termos de outro conceito relacionado, mais concreto.

Outro conceito que julgamos ser muito importante para a discussão em sala de aula é o conceito de *parábola*. Segundo Turner (1996), muitas de nossas experiências, conhecimentos e pensamentos são organizados em histórias e o escopo mental delas é ampliado pela projeção – uma história nos ajuda a construir o sentido de outra.

O autor define parábola como a projeção de uma história em outra. A história-alvo – a que iremos compreender – não é mencionada explicitamente, mas através de nossa capacidade ágil para usar histórias e projeções; nós projetamos a história-fonte explícita para uma história-alvo encoberta.

A parábola, portanto, é uma combinação de histórias e projeções. Ao lermos uma história (em que não somos personagens) e nos encaixarmos nela, estamos nos projetando nessa história e criando outra em que somos os personagens – isso é a parábola. A história-alvo, então, é aquela que será compreendida a partir da história de origem, que é contada.

De acordo com Abreu (2008), a parábola nos ajuda, inclusive, a fazer com que a mensagem que queremos transmitir ao leitor fique mais bem gravada na cabeça dele: "[...] essa mensagem ficará bem mais gravada na cabeça do leitor se, primeiramente, criarmos uma imagem por meio de uma pequena história, para, depois, projetá-la na defesa de nossa tese [...]" (Abreu, 2008: 60). O autor ainda acrescenta que "[...] a projeção dessa história sobre o tema tratado [...] [tem como] resultado [...] um texto com um poder muito maior de atrair o leitor" (Abreu, 2008: 61). É esse o ponto principal que nos interessa: fazer nosso aluno perceber que há textos em que algumas pequenas histórias que parecem estar lá despretensiosamente estão, na verdade, servindo para a construção do significado.

Análise de textos
a partir de diferentes projeções

É importante ressaltar que o uso de metáforas, metonímias e parábolas é uma ferramenta muito valiosa utilizada por vários escritores para defenderem suas opiniões de maneira convincente e eficiente. No texto de Martha Medeiros, "Confie em Deus, mas tranque o carro", que analisamos e sugerimos como proposta de atividade (Anexo), o uso dessas ferramentas ocorre, assim como nas redações classificadas como "as melhores" da Fuvest do ano de 2013, o que nos fornece mais um argumento a favor do trabalho com essas projeções em sala de aula, uma vez que tal contato pode otimizar o processo de escrita de textos argumentativos por parte dos alunos. Vejamos um exemplo:

Tenho, logo existo

No mito das sereias, o irresistível canto dessas criaturas atrai os marinheiros em direção aos rochedos que circundam a ilha em que elas estão entrincheiradas, inevitavelmente sendo o naufrágio das embarcações o desfecho. A música emitida por esses seres tem análogo na contemporaneidade: o capitalismo. Esse modo de produção apresenta três desencadeamentos que também levam o homem à ruína: o consumismo, a valorização do ter em detrimento do ser e a efemeridade das relações. [...] Assim, o nível de felicidade atribuído a uma pessoa baseia-se primordialmente em suas posses, e não em sua essência. Essa lógica inédita também norteia o estabelecimento de novos laços entre as pessoas, agora tendo a paridade econômica entre seus integrantes como pedra angular. [...]

[...] A felicidade atribuída ao ato de comprar desencadeou diversas mazelas atuais, entre elas a sobreposição do "ter" em relação ao "ser". Assim, tendo seu valor intrínseco associado às posses, as pessoas começaram a relacionar-se de forma efêmera, em um mundo onde apenas os endinheirados vivem prazerosamente. Se Descartes vivesse no século XXI, alteraria sua afirmação para "Tenho, logo existo".

Fonte: Disponível em <http://www.fuvest.br/vest2013/bestred/124678.html>. Exemplo 29. Acesso em: 3 jan. 2014

Nesse trecho, retirado de uma das "melhores redações" disponibilizadas pelo site da Fuvest, vemos que o aluno traça uma comparação entre o que acontece com o homem que se deixa encantar pelo canto da sereia e a atitude dos homens contemporâneos que se deixam encantar pelo consumismo. Ele inicia seu texto valendo-se da história do mito grego das sereias, mostrando que tal encanto o leva à ruína. Seu propósito é mostrar que assim também poderá acontecer conosco, leitores, se nos deixarmos encantar pelo comprar desenfreado.

Percebe-se que a história-alvo, então, é aquela que será compreendida a partir da história de origem, aquela que é contada. Vimos, portanto, o uso de uma parábola para iniciar um texto e para fazer com que pensemos nas nossas atitudes a partir dessa história.

Além disso, na sequência de seu texto, o candidato continua valendo-se de usos metafóricos, tais como dizer que são estabelecidos "laços" entre as pessoas, ou que a paridade econômica é "pedra angular" dos relacionamentos. Tais usos, certamente, trazem maior força argumentativa ao texto, tornando-o mais compreensível ao leitor.

Quisemos mostrar, até esse momento, a importância de o professor incentivar o aluno a reconhecer tais usos em textos autênticos, para que possa incorporá-los em suas próprias produções.

Considerações sobre o gênero *crônica* e o trabalho com literatura contemporânea

Muitas vezes, nós, professores, nos deparamos com a dificuldade de trabalhar com literatura em sala de aula. Uma das barreiras, por vezes, é a extensão de determinados gêneros, como o romance, que impossibilita a apreensão do texto na íntegra em uma aula de cinquenta minutos.

Outra dificuldade por nós encontrada é a distância temporal entre o conteúdo do texto escrito e os nossos alunos-leitores, o que causa, por diversas vezes, o estranhamento por parte destes, tanto em relação ao vocabulário utilizado quanto ao contexto social da obra.

Defendemos aqui que nenhuma dessas barreiras deve ser instransponível em nosso dia a dia escolar. Acreditamos que o contato com textos dos mais variados gêneros, inclusive os literários (de diferentes épocas), é de suma importância para a formação cultural e crítica do aluno, e a prática de experienciar a leitura deve acontecer sempre que possível. Além disso, cremos que toda a literatura deve ser explorada nas aulas de língua, não só como ilustração de características literárias de determinadas épocas, o que muitas vezes distancia o aluno do texto em si e o faz enxergá-lo apenas como exemplificação de um conteúdo curricular.

Com base na importância da leitura e da literatura, sugerimos que sejam incluídos em sala de aula, além dos cânones, também textos de literatura brasileira contemporânea, com o propósito de fazer nosso aluno perceber que "literatura não é só coisa que gente que já está morta escreveu", conforme muitos acreditam, mas que há bons autores vivos e em plena atividade.

Para ilustrarmos a aplicação dos recursos de projeção que discutimos, com sugestões para um trabalho pedagógico com leitura e compreensão, utilizamos o texto de uma autora gaúcha muito conhecida nos dias atuais, Martha Medeiros, cuja maioria dos livros publicados figura na lista dos mais vendidos. O que nos chama a atenção é seu modo metafórico de escrever, bem como o sucesso atestado pelo número de vendas de suas obras.

O professor de Língua Portuguesa pode trabalhar o gênero *crônica contemporânea* a partir de discussões sobre sua composição e sua temática e, a partir disso, propor atividades de escrita. Acreditamos que fazer o aluno conhecer ou ler, em sala de aula, aquilo que está sendo lido fora dela é uma maneira de aproximar a prática didática da realidade de nosso aluno. Defendemos que trabalhar com o gênero crônica aproxima os alunos das produções contemporâneas e, pela concisão

Metáforas, metonímias e parábolas na costrução do sentido e na produção textual **147**

característica do gênero, é possível que o trabalho possa começar e terminar na mesma aula, de forma a tornar mais evidentes os propósitos do professor.

O *Minidicionário Houaiss da língua portuguesa* (2009: 202) conceitua crônica da seguinte forma: "pequeno texto geralmente baseado em fatos do cotidiano". Na obra *Dicionário de gêneros textuais* (Costa, 2009: 79-82), o autor também conceitua o gênero crônica. Segundo ele, originalmente a crônica pretendia ser registro por escrito dos acontecimentos importantes; com o passar do tempo, esse gênero passou a abarcar também registros e reflexões cotidianas, políticas e sociais, e começou a ser encontrado/veiculado em jornais, conforme ainda o é nos dias atuais.

Na atualidade, portanto, a crônica é escrita para ser veiculada, primeiramente, em periódicos e, posteriormente, pode ser reunida em livros. Texto assinado, traz as opiniões dos autores ou narrativas a respeito dos mais variados assuntos, entretanto, sempre motivados por acontecimentos expressos por meio de textos breves e simples e de interlocução direta com o leitor, muitas vezes. Além disso, normalmente esses textos apresentam marcas típicas da oralidade, o que pode, em sala de aula, motivar um trabalho bem frutífero a respeito de registros linguísticos.

Análise da crônica "Confie em Deus, mas tranque o carro", de Martha Medeiros

O acontecimento que dá origem à crônica que iremos analisar é o fato de Mike Tyson estar (re)aparecendo na mídia. Com isso, a escritora Martha Medeiros relembra a acusação de estupro contra ele, e é com base no relato desse episódio que ela construirá sua argumentação. É necessário, neste momento, que o aluno localize aqui a presença do acontecimento motivador para o texto.

Após esse reconhecimento, percebemos que a pequena história contada a seguir tinha certo propósito. Conta-nos Martha que a mídia veiculou que a ex-miss Desiree Washington teria ido para o quarto com Mike Tyson, mas teria desistido do ato sexual, e o ex-lutador não teria gostado disso, tendo, supostamente, a estuprado. Quando da repercussão desse caso, Martha comenta que a escritora Camille Paglia havia escrito que Tyson tinha errado, mas que a moça também.

Martha relata o que Camille teria dito a respeito disso, pois essa afirmação da escritora é muito importante para a tese que deseja defender no seu texto:

148 Ensino de Português e Linguística

> Na época, a escritora Camille Paglia disse que Tyson errou, logicamente, mas que a moça era uma idiota. E justificou sua opinião dando o seguinte exemplo: se você estaciona seu carro numa rua escura e deixa a chave na ignição, não significa que ele possa ser roubado. Mas, se for, você foi um panaca. (Medeiros, 2011: 106)

É perceptível que tanto a história do suposto estupro quanto a pequena história que a escritora Camille teria contado para justificar sua opinião sobre o acontecido são de igual importância para Martha ilustrar e usar como argumento do que quer defender.

O exemplo-argumento utilizado pela escritora é nitidamente uma metáfora, e pode ser enxergado da seguinte forma:

estacionar seu carro numa rua escura	→	estar em algum lugar perigoso/ fazer uma escolha que apresenta riscos
deixar a chave de seu carro na ignição	→	cometer algum deslize que possa prejudicar você

Camille ainda teria dito que estacionando seu carro numa rua escura e deixando a chave na ignição não significaria que ele poderia ser roubado, mas que ser roubado era uma possibilidade e, se isso acontecesse, a culpa deveria ser atribuída a você mesmo, pois você teria criado as condições para aquilo acontecer.

Desse modo, ao terminar de contar esse episódio e a opinião de outra escritora – Camille Paglia – sobre ele, Martha aplica essa história às situações que lhe interessam; percebemos que essa história e sua repercussão é a uma parábola, ou seja, uma pequena história que serve de ponto de partida para uma reflexão pessoal: precisamos entender que a história da modelo e de Tyson aconteceu porque a modelo "criou condições" para que aquilo acontecesse, e que em nossa vida isso também pode acontecer conosco em diferentes situações. Em outras palavras: essa história está aí para que percebamos que nossas atitudes têm consequências em nossas vidas.

Martha continua o desenvolvimento de seu texto dizendo que sempre se recorda dessa história e do exemplo de Camille quando alguém lhe conta alguma história em que foi vítima, e sobre isso afirma: "Fico prestando atenção na história e, quase sempre, descubro que o mártir deixou a chave na ignição" (Medeiros, 2011: 106).

Só nessa afirmação, conforme dissemos, já temos duas metáforas: *a metáfora do mártir*, ou seja, para conferir uma carga dramática às supostas vítimas,

Martha resolve chamá-las de mártires. Sabe-se que mártir é aquela pessoa que sofre demais por uma causa, suportando consequências físicas que podem resultar até mesmo na morte.

Além disso, há outra projeção metafórica em questão: *deixar a chave na ignição*, ou seja, ter propiciado condições para que o sofrimento acontecesse. Martha, ironicamente, afirma que muitas pessoas que sofrem, sofrem por deslizes próprios. Para provar isso, coloca em seu texto alguns exemplos, como as garotas que teriam se deixado filmar nuas pelos namorados e que depois teriam seus vídeos postados no YouTube; ou os garotos que dirigiriam alcoolizados a uma velocidade muito alta e depois acordariam no hospital; ou, ainda, os artistas que comumente estariam chamando muita atenção para si em público com suas atitudes e depois não gostam de ser perseguidos por paparazzi.

Em seguida, ela contrapõe essas vítimas às quais ela se refere como vítimas genuínas, por não terem tido responsabilidade nem controle sobre o que lhes aconteceu; para tanto, recorre novamente à metáfora do carro e aproveita para realizar a argumentação pelo ridículo, quando caracteriza os "mártires" como "dramáticos". Nesse momento, a ironia é evidente:

> Eles devem se perguntar, dramáticos: onde está Deus nessa hora, que não me ajuda? Está ajudando a encontrar sobreviventes de um *tsunami* ou consolando quem tem um câncer em metástase, porque esses, sim, são vítimas genuínas: mesmo deixando seus carros bem trancados, foram surpreendidos pelo destino. (Medeiros, 2011: 107)

A autora acrescenta, no desenvolvimento de sua argumentação, que seríamos responsáveis pelas coisas boas e ruins que nos acontecem, e que isso valeria para todas as situações em nossa vida. É utilizando outra metáfora, dessa vez orientacional, a partir do esquema de imagem de PERCURSO, que ela conclui sua ideia:

> Reconheço que os governos não ajudam, que certas leis atrapalham, que a burocracia atravanca, que o cotidiano é cruel, e até as disfunções climáticas conspiram contra. Ainda assim, avançamos (prêmio) ou retrocedemos (punição) por mérito ou bananice nossos. (Medeiros, 2011: 107)

O esquema do PERCURSO é utilizado quando ela reflete sobre avançar (quando recebemos prêmios) ou retroceder (quando recebemos punições). Também a expressão "ser banana" é utilizada para caracterizar as pessoas que recebem punições por terem feito coisas "erradas": é interessante verificar que a *metáfora do banana* serve para designar pessoas que são "moles", como a fruta. Por extensão

150 Ensino de Português e Linguística

de sentido, ser mole, ser banana é ser leniente, ou, o que é pior, não fazer as coisas por medo, muitas vezes. Na linguagem popular, temos outra metáfora relativa a isso – "amarelar", que significa fugir das obrigações.

Para terminar seu texto, Martha dá algumas sugestões e conselhos aos seus leitores:

> Então, tranque o carro numa rua escura e também dentro da sua garagem, não entre no quarto de um neanderthal se você não estiver bem certa do que deseja, não deixe uma vela acesa perto de uma janela aberta, pense duas vezes antes de mandar seu chefe para um lugar que você não gostaria de ir, não tenha em casa Doritos, Coca-Cola e Ouro Branco se estiver planejando perder uns quilos e lembre-se do que sua bisavó dizia: regue as plantas, regue suas relações, regue seu futuro, porque sem cuidar, nada floresce. E, por via das dúvidas, confie em Deus também, que mal não faz. (Medeiros, 2011: 107)

É importante ressaltar que ela se utiliza de várias metonímias e, novamente, de metáforas quando diz que não devemos entrar no quarto de um neanderthal, por exemplo. Para entendermos essa metáfora, é preciso que relacionemos o texto a um conhecimento externo de que o neanderthal é um ancestral inferior e bruto, anterior ao *homo sapiens* e que se deve entendê-lo como alguém menos inteligente e mais bruto, rude e ignorante. Quando a autora aconselha não ter em casa Coca-Cola, Doritos e Ouro Branco, ela se utiliza de uma metonímia, pois sabemos que esses são apenas alguns exemplos de alimentos calóricos.

Podemos, portanto, entender esse final como exemplos práticos de um conselho mais geral como: faça sua parte para garantir que as coisas deem certo para você. É interessante notar que ela ainda se utiliza de uma última metáfora a respeito da vida: "[...] regue as plantas, regue suas relações, regue seu futuro, porque sem cuidar, nada floresce" (Medeiros, 2011: 107). Ou seja, regar significa cuidar, nesse contexto. A metáfora conceitual nesse caso é PESSOAS SÃO PLANTAS:

planta	→	relações, futuro
planta	→	pessoa
regar	→	cuidar
florescer	→	desenvolver
planta cuidada floresce e é mais bonita	→	relações/futuro cuidados são mais bonitos

Martha fecha seu texto dizendo que, por via das dúvidas, é importante confiar em Deus, pois mal não fará. Essa frase final serve para fazer relação com o título do texto, que já é uma síntese da tese defendida: "Confie em Deus, mas tranque o carro" é a metáfora inicial que quer dizer: tenha fé, mas faça sua parte. Assim, a metáfora conceitual central presente nesse texto é A VIDA É UM BEM MATERIAL (UM CARRO) que pode ser "estragado", roubado etc.

É visível, portanto, que essa crônica tem uma temática atualíssima, capaz de fazer o leitor refletir e, para tanto, se vale de projeções (metáforas, metonímias e parábolas) para alcançar maior efeito persuasivo.

A tese defendida por nós ao longo deste capítulo – de que as metáforas, metonímias e parábolas são usadas com objetivo didático e, por isso, facilitam a compreensão – pode não ser evidente nas propostas de leitura em sala de aula, limitando-se à análise destes fenômenos como recursos linguísticos. Atualmente, no Brasil, para a nossa grande preocupação, há uma dificuldade geral por parte dos alunos em ler e compreender de maneira satisfatória os textos que os circundam.

Metáforas, metonímias e parábolas não dificultam as coisas: as dificuldades são pré-existentes e é nossa função trabalhar com textos, discuti-los, pedir atividades de escrita e reescrita para ajudá-los a melhorar sua competência leitora. Nesse sentido, acreditamos que nossa proposta traz contribuições para um trabalho mais aprofundado com a leitura e a compreensão textual em sala de aula.

Notas

[1] Disponível em: <http://www.estadao.com.br/noticias/nacional,para-procurador-geral-mensalao-vai-dar-cadeia, 938506,0.htm>. Acesso em: 1º out. 2012.

[2] Disponível em: <http://veja.abril.com.br/noticia/esporte/elogiada-pela-fifa-russia-faz-copa-mais-compacta-e-cara>. Acesso em: 1º out. 2012.

[3] No original: "[...] figurative speech can often be understood as quickly as literal speech when encountered in realistic discourse contexts" (Gibbs e Colston, 2012: 01).

[4] *Frames* são definidos por Kövecses (2006: 69) como sendo construtos da nossa imaginação e não representações mentais que se encaixam diretamente em uma realidade objetiva preexistente. Resumindo, *frames* são dispositivos imaginativos da mente (no original: "Frames are constructs of our imagination – and not mental representations that directly fit a preexisting objective reality. in short, frames are imaginative devices of the mind.").

[5] Espaços mentais podem ser definidos como "[...] pequenas parcelas de tempo de curta duração que abrimos em nossas mentes, para atribuir sentido ao que ouvimos ou lemos" (Abreu, 2010: 82).

[6] Disponível em: <https://www.facebook.com/SabiasPalavrasO/photos/a.118933138257721.24908.1189221 68258818/297769650374068/?type=3&theater>. Acesso em: 10 ago. 2014.

[7] Por convenção, os nomes dos esquemas de imagem são grafados em letras maiúsculas.

[8] Felipe Turioni, disponível em: <http://g1.globo.com/sp/araraquara-regiao/noticia/2012/06/lupo-dribla-setor-em-crise-e-cresce-transformando-peca-basica-em-moda.html 01/06/2012 15h04>. Acesso em: 13 jun. 2012.

[9] Eliane Brum, disponível em: <http://www1.folha.uol.com.br/esporte/folhanacopa/2014/06/1471524-vinicius-atleta-da-selecao-de-meninos-de-rua-salta-para-escapar-da-morte.shtml>. Acesso em: 25 jun. 2014.

Referências

ABREU, A. S. *O design da escrita*: redigindo com criatividade e beleza, inclusive ficção. Cotia: Ateliê, 2008.

_____. *Linguística cognitiva*: uma visão geral e aplicada. Cotia: Ateliê, 2010.

COSTA, S. R. *Dicionário de gêneros textuais*. 2. ed. Belo Horizonte: Autêntica, 2009.

FAUCONNIER, G.; TURNER, M. *The Way We Think*: Conceptual Blending and the Mind's Hidden Complexities. New York: Basic Books, 2002.

GIBBS Jr., R. W.; COLSTON, H.L. *Interpreting Figurative Meaning*. New York: Cambridge University Press, 2012.

GIBBS Jr., R.W.; STEEN, G.J. *Metaphor in Cognitive Linguistics*. Amsterdam: John Benjamins Publishing, 1999.

GRADY, J. *Foundations of Meaning*: Primary Metaphors and Primary Scenes. University of California, Berkeley, 1997.

HOUAISS, A.; VILLAR, M. de S. *Minidicionário Houaiss da língua portuguesa*. 3. ed. rev. e aumentada. Rio de Janeiro: Objetiva, 2009.

JOHNSON, M. *The Body in the Mind*: The Bodily Basis of Meaning, Imagination and Reason. Chicago: University Of Chicago Press, 1987.

KOVECSES, Z. *Metaphor:* A Practical Introduction. New York: Oxford University Press, 2002.

LAKOFF, G.; JOHNSON, M. *Metaphors We Live By*. Chicago: Chicago University Press, 1980.

_____. *Philosophy in the Flesh*: The Embodied Mind and its Challenge to Western Thought. New York: Basic Books, 1999.

MEDEIROS, M. *Feliz por nada*. Porto Alegre: L&PM, 2011.

TURNER, M. *The Literary Mind*. New York: Oxford University Press, 1996.

_____. *The Origin of Ideas*: Blending, Creativity and the Human Spark. Oxford: Oxford University Press, 2014.

ANEXO
Plano de aula

Objetivos:
- fazer com que os alunos reflitam sobre a presença de metonímias, metáforas e parábolas e suas funções na construção do sentido do texto;
- discutir o conceito de crônica e as características do gênero;
- retomar as características do tipo textual argumentativo e trabalhar a capacidade dos alunos de localizarem a presença de tese e os argumentos, e de defenderem suas próprias ideias a partir dos conhecimentos que compõem seu repertório a respeito das características do gênero e da adequabilidade à temática;
- permitir a reflexão sobre as características do gênero-base (crônica) e do que será produzido (dissertação argumentativa/comentário), nas suas similaridades e diferenças.

Conteúdos específicos: metonímia; metáfora; parábola; gêneros, crônica, dissertação argumentativa.

Ano/Série escolar: Alunos do 9º ano do ensino fundamental/alunos de ensino médio

Número de aulas previstas: 3

Desenvolvimento: todas as atividades de compreensão textual e também as de produção terão como base o texto "Confie em Deus, mas tranque o carro", da autora Martha Medeiros, que deve ser levado à sala de aula pelo professor, de preferência em material impresso para ser entregue aos alunos.

1º momento: antes de discutir esta crônica com os alunos, é interessante que o professor os submeta aos seguintes questionamentos:

1. A qual gênero pertence esse texto? Justifique.
2. Qual o tema desse texto?
3. Qual a tese defendida pela autora?
4. Quais os argumentos utilizados por ela?
5. Pense em outras situações que podem ser relacionadas ao tema do texto.

É interessante que antes de estabelecer a discussão de forma cooperativa, o aluno tenha a oportunidade de refletir a respeito das questões propostas.

2º momento: leitura em voz alta do texto e posterior discussão de respostas. Apresentamos a seguir a análise de cada questão proposta.
Por meio da **pergunta 1**, o professor pode discutir com os alunos o gênero *crônica* e suas características. Chamamos a atenção para o fato de que essa

conceituação não deve ser proposta do professor para os alunos, mas deve haver uma provocação por parte do professor para que os alunos apreendam e extraiam essas características do texto que têm em mãos.

Acreditamos, portanto, ser possível que após a leitura os alunos tenham consciência do que esperar de uma crônica, ou seja, que sejam capazes de reconhecer as características do gênero e do que eles precisam para produzir uma quando necessário for.

Aproveitamos para lembrar ao professor que quando se trabalha com gêneros textuais, nós trabalhamos com expectativas estruturais, de propósito e de conteúdo, mas que não devemos fazer generalizações, reduzindo uma aula de gênero à proposição de uma "receita pronta". É importante ressaltar aos alunos a questão da dinamicidade dos gêneros e as diferenças advindas do estilo do autor, com as quais ele pode se deparar.

Sugerimos que seja construída com os alunos a grade de expectativas a seguir, que pode ser preenchida mais ou menos desta forma:

Gênero crônica

1. **Propósito:** apresentar uma discussão/reflexão/criação a respeito de um determinado acontecimento.
2. **Linguagem:** normalmente apresenta registro coloquial.
3. **Onde circula:** pode ser encontrada em jornais e revistas (impressos ou online), blogs e, posteriormente, são reunidas em livros.
4. **Interlocução:** autor e leitor – muitas vezes há marcas dessa "conversa" durante o texto.
5. **Estrutura básica:** título (chamar a atenção para sua importância, haja vista que é o título o primeiro chamariz para a escolha de ler um texto em meio a tantos outros), apresentação da motivação do texto (acontecimento) de forma direta ou indireta, reflexões a respeito do assunto/narrativa baseada no acontecimento.

Para discussão da **questão 2**, realizar uma leitura parágrafo a parágrafo, comentada e provocativa com os alunos, chamando a atenção deles principalmente para as projeções (metáforas, metonímias e parábolas) presentes.

A discussão da **questão 3**, que pede aos alunos que localizem a tese a ser defendida pela autora, deve ser apresentada a partir da reflexão sobre o título. É preciso chamar a atenção para a percepção de que no momento em que termina a história entre Tyson e a miss, que funciona como uma parábola, já está presente (embora ainda de maneira implícita) a tese a ser defendida por Martha: muitas vezes as coisas ruins acontecem conosco porque nós criamos condições para que elas aconteçam.

A discussão da **questão 4** deve ser realizada a partir das metáforas apresentadas depois da parábola contada. Prestando atenção a elas, é possível que consigamos discutir com os alunos a sequência de argumentos usados pela autora, discussão proposta nessa questão.

É após o término dessa leitura comentada com os alunos, chamando a atenção deles para as ideias expressas, que sugerimos que outra discussão seja feita, por meio da **questão 5**: pedimos a eles que pensem em outras situações em que tais ideias podem ser aplicadas na vida. Quando é que coisas ruins aconteceram e foram causadas por atitudes das próprias pessoas que sofreram suas más consequências? Sugerimos, inclusive, que essa discussão tente relacionar as questões de atualidade e o repertório que os alunos trouxerem à temática da discussão, que julgamos ser bem atual. Esse exercício é, portanto, uma ponte para que o exercício de produção textual possa acontecer.

3º momento: produção de dissertação argumentativa a partir de crônica
Solicitar aos alunos que escrevam uma dissertação argumentativa, em prosa, que tenha como base as ideias expressas por Martha Medeiros nessa crônica. Pode-se pedir que mantenham ou refutem a tese defendida pela autora por meio do uso de argumentos.

4º momento: reescrita
Após uma primeira versão do texto produzido pelos alunos, seria interessante que o professor fizesse uma revisão, indicando em que aspectos o texto poderia ser melhorado (questões concernentes a: língua portuguesa, características do gênero, coesão, coerência e temática). Em seguida, poderia convidar os alunos a reescrever o texto, com base nas correções/sugestões.

Textos/Material utilizado: material impresso: crônica "Confie em Deus, mas tranque o carro" (em M. Medeiros, *Feliz por nada,* Porto Alegre, L&PM, 2011); *datashow* (se possível) e lousa.

Sugestões de leitura para o professor:

ABREU, A. S. *Linguística cognitiva*: uma visão geral e aplicada. Cotia: Ateliê, 2010.
COSTA, S. R. *Dicionário de gêneros textuais.* 2. ed. Belo Horizonte: Autêntica, 2009.
KOCH, I. V.; ELIAS, V. M. *Ler e compreender*: os sentidos do texto. São Paulo: Contexto, 2006.

Como interpretar criativamente uma proposta de redação

Antônio Suárez Abreu

Os vestibulares das grandes universidades brasileiras costumam avaliar as redações de seus candidatos empregando critérios como adequação ao tema, coesão, coerência, correção gramatical, criatividade e estilo. Fazer o candidato e futuro estudante universitário dominar as quatro primeiras competências é questão de tempo e exercícios. Conseguir que sejam criativos e escrevam com arte é um desafio muito maior.

Neste capítulo, discutimos parâmetros que orientem os candidatos a refletir sobre as propostas de redação dos vestibulares, de modo criativo, e que os levem, também, a produzir um texto mais homogêneo e atraente estilisticamente.

Criatividade

A criatividade é uma ave rara. Quem já corrigiu redações sabe o tédio de passar horas e horas lendo as mesmas ideias, o mesmo senso comum vinculado à moral do politicamente correto. Quanto ao estilo, a escrita dos vestibulandos vai desde um coloquial artificial até uma afetação barroca, desfilando citações decoradas nos cursinhos. O corretor sente o candidato como alguém que, acostumado a andar de jeans e tênis, pretende demonstrar naturalidade vestindo fraque e cartola. O mesmo acontece com os professores do ensino médio e dos cursinhos especializados.

Assumindo que a maioria dos vestibulares pede aos candidatos um texto dissertativo, ou seja, argumentativo, que tal relembrar as partes em que se dividia a retórica clássica: invenção, disposição, elocução e ação? É na invenção que se situa a criatividade. Quando pretendemos argumentar, precisamos buscar/inventar argumentos para depois ordená-los em nossa exposição. A principal ferramenta para esse propósito chama-se categorização, nossa habilidade em estabelecer associações entre gênero e espécie.

Segundo Hofstadter e Sander (2013: 14), a categorização é uma ferramenta de sobrevivência, sem a qual seríamos todos conceitualmente cegos. É por meio dela que construímos "esqueletos conceituais" que nos permitem agir no presente. Se você, diante de um elevador, sabe que tem de apertar um botão para chamá-lo e, dentro dele, tem de apertar outro para direcioná-lo ao andar que deseja atingir, é porque já entrou em vários elevadores em seu passado e criou a categoria *elevador*, de que faz uso no presente para produzir as ações necessárias ao seu uso.

Quando categorizamos, trabalhamos em dois eixos, o horizontal e o vertical. Trabalhamos no eixo horizontal quando, a partir de um gênero, procuramos as espécies que podem fazer parte dele. A partir do gênero/categoria *cão*, podemos incluir espécies como poodle, boxer, dachshund, fox etc. É a categorização horizontal. Trabalhamos no eixo vertical quando, a partir de um gênero, procuramos outros mais abrangentes, em diferentes níveis de abstração. Nesse sentido, a partir da categoria *cão*, podemos "subir" a mamífero e, daí, a animal, por exemplo. É a categorização vertical. Ambas são importantes, mas a vertical nos leva a descobrir mais coisas. Segundo os autores citados (2013: 241), "o salto para cima, em direção a uma nova categoria geral – um deslizamento vertical, por assim dizer – pode abrir importantes perspectivas, seja nas simples atividades do nosso dia a dia, seja nas mais sublimes descobertas científicas".[1]

Categorias envolvem seres e ações. Assim como o ser *cão* é uma categoria que inclui pastores alemães, boxers e poodles, a ação de *mover-se* inclui andar, correr, pular ou mesmo arrastar-se. No uso diário da língua, criamos novas categorias o tempo todo. Quando falamos que o doutor fulano é o *papa* da cirurgia estética ou que Lagerfeld é o *Einstein* da moda europeia, estamos transformando o papa e Einstein em categorias de excelência. Quando dizemos que o governo vai *pôr o pé no freio* no consumo, estamos transformando a ação de diminuir a velocidade de um automóvel em uma categoria de diminuir a intensidade que pode ser aplicada à economia ou a qualquer atividade. Pode-se "pôr o pé no freio" na construção de uma casa, em um projeto espacial etc.

Vamos, agora, analisar o tema da redação da Fuvest de 2015: *"Camarotização" da sociedade brasileira: a segregação das classes sociais e a democracia.* Esse tema é ilustrado por quatro textos de uma coletânea oferecida aos candidatos. No primeiro deles, Michael J. Sandel, professor da Universidade de Harvard, usa o termo *camarotização* para denominar a separação entre ricos e pobres nos

Como interpretar criativamente uma proposta de redação **159**

estádios norte-americanos e, a seguir, o aplica à separação entre alunos ricos, que frequentam escolas particulares de alto nível, e alunos pobres, que frequentam escolas públicas de má qualidade, e também a outras separações entre pessoas, na sociedade em geral, segundo o mesmo critério econômico.

Bem, estamos diante de uma categoria criada a partir do neologismo *camarotizar*, derivado do substantivo *camarote*. Esse substantivo, em português, é um empréstimo do espanhol e designa, originalmente, tanto os compartimentos de um navio destinados aos membros da tripulação e passageiros quanto os compartimentos especiais nos teatros destinados a um pequeno grupo de pessoas. Modernamente, designa ainda os compartimentos nos estádios de futebol, em que diretores do clube e sócios-torcedores abonados se acomodam ao abrigo da intempérie e recebem tratamento VIP. Lendo o tema e a coletânea, podemos inferir que o elaborador atribui a *camarotizar* o sentido de separar pessoas por níveis econômicos e sugere que se trata de uma ação antidemocrática.

O candidato pode desenvolver sua dissertação trabalhando o tema exclusivamente no eixo horizontal, enumerando as situações em que há segregação de classes sociais por nível de renda. Pode acrescentar a divisão entre a classe econômica, a executiva e a primeira classe, em voos internacionais. Pode incluir as chamadas salas-VIP, em aeroportos; a segregação (hoje proibida) das empregadas em elevadores de serviço de edifícios; a segregação delas à cozinha, na hora do almoço, pois elas ainda não podem dividir a mesa com os patrões ou não se sentem à vontade fazendo isso.

O candidato poderá, também, trabalhar o tema no eixo de categorização vertical, definindo camarotização, em um nível um pouco mais alto, como qualquer tipo de divisão social. Aí, poderá abordar a questão de gênero, numa época em que as meninas tinham de estudar em classes separadas dos meninos nos colégios, ou em que alguns colégios eram exclusivamente masculinos e outros, exclusivamente femininos. Esse novo nível vertical permitirá que ele trate também das separações politicamente corretas, como a que permite aos idosos a precedência de atendimento em bancos e repartições públicas, ou o acesso a vagas especiais em estacionamentos. Poderá concluir que nem toda camarotização é ruim e algumas são até mesmo necessárias.

Outro ponto a ser explorado criativamente, por meio da categorização, é o das *classes sociais*, que fazem parte do tema da Fuvest. Os economistas costumam separá-las, *grosso modo*, por níveis de renda, em: classe A, os ricos; classe B, a classe média; e classe C, os pobres. A tal camarotização, segundo Michael J. Sandel, separaria essas classes nos estádios e também em outros locais.

160 Ensino de Português e Linguística

Cabe, aqui, o princípio de que é possível estabelecer subcategorias a partir de pontos de vista específicos. A categoria *cão* pode subcategorizar-se, do ponto de vista de quem os adquire, em: cães de guarda, cães de companhia, cães-guias para cegos etc. Pode subcategorizar-se, do ponto de vista dos veterinários, em: cães que adoecem menos, cães que apresentam problemas ósseos etc. Pode subcategorizar-se, do ponto de vista dos donos de pet shops, como: cães que são vendidos facilmente, cães que não são vendidos facilmente etc. Aplicando esse princípio, poderíamos, usando pontos de vista específicos, pensar em classes sociais vinculadas à origem das famílias – a classe dos nobres, que têm "berço" – *versus* a classe dos plebeus, que não têm "berço". Podemos pensar, também, na classe dos intelectuais ou colarinhos-brancos *versus* classe dos trabalhadores (*working class* ou *blue collars*). Também podemos pensar na classe de pessoas aficionadas a carros antigos, classes dos funcionários públicos, classe médica, dos comerciantes, dos profissionais liberais. Esse tipo de subcategorização pode permitir incursões criativas do candidato em outras áreas. Para a classe dos comerciantes, por exemplo, o aumento das classes populares nos aeroportos é extremamente bem-vinda, pois implica um aumento dos seus negócios. Afinal, já faz algum tempo que os aeroportos foram recategorizados como *shoppings aéreos*.

Já que falamos em tempo, é preciso lembrar que as categorias têm sua natureza alterada ao longo do tempo. A categoria das pessoas que tinham acesso a telefone, por exemplo, cresceu consideravelmente, independentemente do nível de renda. Há vinte anos, somente as classes A e B podiam ter telefone. Era preciso, primeiro, comprar uma linha telefônica, que custava tanto quanto uma geladeira de luxo. Depois, esperar na fila durante um ano ou mais. Nos dias de hoje, qualquer integrante da classe C ou D pode ter acesso imediato a um telefone celular ou fixo. Concluindo, *nível de renda* é uma variável diferente de *qualidade de vida*, pois esta muda através do tempo, a partir do progresso científico e tecnológico e da oferta e procura, e permite disponibilizar a classes menos favorecidas bens que antes eram restritos a classes altas ou que seriam inimagináveis para qualquer classe. Afinal, uma pessoa pertencente à classe D, considerada pobre,[2] que tem uma moradia bastante simples, mas com água encanada, luz elétrica, banheiro dentro de casa, possui uma qualidade de vida anos-luz melhor do que os nobres que viviam no palácio de Versalhes, no século XVIII. Se essa pessoa tiver um emprego modesto, mas que lhe possibilite um plano de saúde médico-odontológico, terá acesso a antibióticos e tratamento dentário com uso de anestesia. Poderá, também, adquirir um aparelho de ar condicionado, hoje ao alcance de qualquer bolso, e desfrutar um clima de primavera dentro de casa, em época de calor intenso. Lembremo-nos de que, há cem anos, nem os multimilionários dispunham dessa facilidade. No quentíssimo verão carioca, Dom Pedro II tinha de retirar-se do Palácio de São Cristóvão no Rio de Janeiro para seu Palácio de Verão em Petrópolis – hoje convertido em Museu Imperial –, que, por sua altitude, tinha um clima mais ameno. O próprio papa, durante o verão romano, costumava mudar-se para seu Palácio de Verão, em Castel Gandolfo, cidade de maior altitude que o Vaticano e com clima mais ameno.

Combinando essa subcategorização de classes ao conceito de democracia, também presente no tema da Fuvest de 2015, poderíamos concluir que, apesar da separação entre classes de renda, há uma democratização invisível e crescente de qualidade de vida, via progresso científico-tecnológico e lei da oferta e da procura.

Estilo

Iniciamos esta seção citando Monteiro Lobato em seu livro *O presidente negro ou o choque das raças*, reeditado em 2009, ano em que Barack Obama foi eleito presidente dos Estados Unidos da América. Trata-se do diálogo entre o narrador da história, em primeira pessoa, chamado Ayrton, e Miss Jane, uma espécie de musa do herói:

> A ênfase, o empolado, o enfeite, o contorcido, o rebuscamento de expressões, tudo isso nada tem com a arte de escrever, porque é artifício e o artifício é a cuscuta[3] da arte. Puros maneirismos que em nada contribuem para o fim supremo: a clara e fácil expressão da ideia.
> – Sim, miss Jane, mas sem isso fico sem estilo... Que finura de sorriso temperado de meiguice aflorou nos lábios da minha amiga!
> – Estilo o senhor Ayrton só o terá quando perder em absoluto a preocupação de ter estilo. Que é estilo, afinal?
> – Estilo é... ia eu responder de pronto, mas logo engasguei, e assim ficaria se ela muito naturalmente não mo definisse de gentil maneira.
> ... é o modo de ser de cada um. Estilo é como o rosto: cada qual possui o que Deus lhe deu. Procurar ter um certo estilo vale tanto como procurar ter uma certa cara. Sai máscara fatalmente – essa horrível coisa que é a máscara...[4]

Aplicando a lição do "eu lírico" de Lobato à escrita das redações, podemos entender que qualquer tentativa do candidato em "escrever bonito" com afetação, terá como resultado algo postiço, artificial. Mas... Miss Jane empregou a palavra *cuscuta* para nomear o artifício do rebuscamento na escrita. Em 1926, quando o

162 Ensino de Português e Linguística

livro foi publicado, o Brasil ainda era predominante rural e essa palavra era bem mais conhecida. Como vimos em nota, *cuscuta* é uma planta bonita, de longos fios dourados, mas que asfixia completamente sua hospedeira, levando-a à morte. Aplicar essa imagem ao artifício do rebuscamento tem o efeito de produzir um paradoxo: a afetação no escrever tem uma beleza apenas aparente, pois é letal àquilo que é escrito.

Imagens! Eis aqui um recurso que, se aplicado com moderação e sabedoria, torna qualquer texto interessante, didático e fácil de ser lido. As imagens podem surgir por meio de uma pequena história, uma comparação ou uma metáfora. Lembramos aqui o trecho de uma crônica de Nelson Rodrigues, citada no livro *O design da escrita*:[5]

> A nossa modéstia começa nas vacas. Quando era garoto, fui, certa vez, a uma exposição de gado. E o júri, depois de não sei quantas dúvidas atrozes, chegou a uma conclusão. Vi, transido, quando colocaram no pescoço da vaca a fitinha e a medalha. Claro que a criança tem uma desvairada imaginação óptica. Há coisas que só a criança enxerga. Mas quis-me parecer que o animal teve uma euforia pânica e pingou várias lágrimas da gratidão brasileira e selvagem.[6]

Na sequência, Nelson Rodrigues nos fala da cerimônia de premiação de importantes figuras brasileiras:

> Fiz as divagações acima porque assisti, no último sábado, à entrega dos prêmios do Museu da Imagem e do Som. [...] Sala Cecília Meireles. Como o governo da Guanabara estava ligado aos prêmios, compareceu o governador Negrão de Lima que, em pessoa, faria a entrega. E, para maior ênfase do acontecimento, puseram lá uma banda de música. Um dos premiados era Oscar Niemeyer. Outro: Glauber Rocha; outro ainda: Pelé.[7]

Na continuação da crônica, o autor aplica a imagem da vaca recebendo a medalha aos contemplados com os prêmios do Museu da Imagem e do Som:

> Dirá alguém que eram prêmios modestos. Não importa. A vaca já citada recebeu muito menos, ou seja, uma fitinha com uma medalha. E nasceu nos seus dentes toda uma espuma; a gratidão escorria-lhe em forma de baba elástica. Eis o que me perguntava: – como reagiria Oscar Niemeyer?[8]

Veja que a última pergunta (como reagiria Oscar Niemeyer?) leva o leitor a uma situação cômica em que o famoso arquiteto baba de gratidão, como uma vaca, ao receber o prêmio das mãos do governador Negrão de Lima.

A comparação pode ter também objetivo didático. Veja os dois trechos a seguir, retirados de um artigo de Tatiana Pronin, intitulado "Clique Ciência: o universo tem atalhos para se viajar no tempo e no espaço?":[9]

Primeiro trecho

Para tentar ilustrar a ideia para os leigos, o físico Adilson de Oliveira, da Universidade Federal de São Carlos (UFSCar) sugere que você imagine um tecido esticado, como uma toalha. Pense, então, em dois pontos desenhados em cada uma das extremidades, separados por todo o comprimento do pano.

Imagine que algo extremamente pesado caia no meio do pano. Isso vai provocar uma curvatura naquele "espaço", fazendo o tecido se dobrar como uma folha de jornal. E os pontos, antes nas extremidades, passam a ficar bem próximos um do outro. Com uma agulha grossa, você pode fazer um furo para conectá-los, o que faria do objeto pontiagudo um buraco de minhoca.

Segundo trecho

Buracos de minhoca grandes e estáveis de tamanho astronômico (tamanho de planetas ou maiores) ou não existem ou são tão raros que seria mais fácil alguém ganhar na Megassena dez vezes seguidas (sem maracutaia!).

No primeiro deles, o físico Adilson de Oliveira – citado pela autora –, por meio de uma comparação, cria a imagem de uma toalha com dois pontos nos extremos, representando dois pontos no universo, que pode ser dobrada aproximando esses sinais. No segundo, compara a probabilidade de esses eventos existirem com a probabilidade do ganho sucessivo na megassena por uma mesma pessoa.

É claro que um candidato, na hora do vestibular, pressionado pela situação e pela escassez de tempo, não terá condições de construir comparações com esse tipo de refinamento. Mas poderá sempre procurar traduzir seus argumentos em imagens, como fez o colunista Luiz Zanin, em matéria publicada no Jornal *O Estado de S. Paulo*, no momento em que defende a tese de que o futebol brasileiro empobrece por vender barato seus jogadores, propiciando lucros extraordinários a seus compradores:

O Fluminense recebeu do Milan 10 milhões de euros pelo zagueiro Thiago Silva, que depois foi vendido ao francês PSG por 41 milhões de euros. Hulk chegou ao Porto por 5,5 milhões de euros e foi revendido ao Zenith, da Rússia, por 60 milhões de euros. Outro número: a receita total dos 20 clubes de ponta da Europa é de 6 bilhões de euros. Cem federações nacionais vivem com receita de apenas 2 milhões de euros ao ano. A disparidade econômica é um abismo.[10]

164 Ensino de Português e Linguística

Zanin trabalha, nesse trecho, com o chamado lugar de quantidade, técnica argumentativa que usa números e estatística e, ao final, resume a diferença entre as receitas dos times europeus e as dos times brasileiros com uma imagem: *A disparidade econômica é um abismo.* A imagem suscitada pela palavra *abismo* concretiza, na cabeça do leitor, a diferença abstrata entre 6 bilhões de euros e 2 milhões de euros, acrescentando implicitamente a ideia de perigo.

Vejamos um outro exemplo, de autoria do jornalista José Paulo Kupfer, retirado da mesma edição desse jornal, tratando, agora, do problema da alta do dólar:

O dólar, que começou a semana pré-carnaval com saltos – e provocando sobressaltos –, chegou ao recesso dos dias de folia em ponto mais acomodado. Bateu na trave de R$2,90 e fechou, na sexta-feira, em R$2,84. O período que vem à frente é instável e dá espaço para novas altas. Mas daí a que elas se confirmem vai uma estrada com muitas curvas, subidas e descidas.[11]

Paulo Kupfer utilizou a imagem do chamado esquema de percurso, que se compõe de três partes: origem, trajeto e destino. O trecho principia na origem: *O dólar começou com saltos – e provocando sobressaltos.* Aqui, se destaca a imagem de iniciar o trajeto com avanços rápidos. Depois, vem uma parada, o recesso do Carnaval. A seguir, aparece uma imagem futebolística: *Bateu na trave de R$2.90.* É uma imagem forte, de quase gol. Finaliza com o percurso futuro da moeda americana, em uma estrada com muitas curvas, subidas (que sugerem o aumento do dólar) e descidas (que sugerem a baixa do dólar).

Lendo algumas das melhores redações da Fuvest de 2013, cujo tema foi o consumo nos shopping centers, é possível ver o uso desse recurso. Vejamos dois trechos de duas dessas redações:

Primeira redação

O historiador Nicolau Sevcenko, ao caracterizar o processo de globalização (sic) comparou o sujeito inserido neste (sic) processo a uma pessoa em uma viagem da montanha russa, mais especificamente no lopp (sic) de uma. Para Sevcenko, a perda de referencias (sic) sofrida no lopp (sic) de uma montanha russa é semelhante à sofrida na constante corrida de avanço tecnológico e progresso da sociedade contemporânea. Seja na arte ou nas relações sociais, o sujeito globalizado parece estar sozinho, desorientado e à procura de algo.[12]

Segunda redação

É possível encontrar hoje literatura em que autores se recusam a empregar o termo "shopping center" adotando, ao invés, "catedrais de consumo". O ganho teórico

Como interpretar criativamente uma proposta de redação   **165**

implicado na adoção dessa nomenclatura seria dar a entender uma espécie de sacralização do consumo nos dias de hoje, o que consiste um tremendo desfavor (sic) à ideia de religiosidade.

O viés arquitetônico, fugindo da mania de culpar a religião por tudo, é, no entanto, bastante interessante. Assim como as catedrais góticas o "shopping center" se configura como um edifício fechado, amplo e iluminado, que diminui o indivíduo e engrandece as práticas ali realizadas (nenhuma das duas construções tem (sic) o homem como escala). [13]

Na primeira redação, o candidato toma emprestada a comparação de um filósofo. O ponto de vista é o da percepção de mundo por uma pessoa em uma montanha russa. Na segunda, o candidato denomina os shopping centers como "catedrais de consumo", metáfora emprestada ao senso comum. Aqui, o ponto de vista é a postura reverencial do fiel dentro do templo que é transportada para o centro de compras.

As imagens não precisam ser fruto apenas de comparações ou metáforas. Uma história curta pode quebrar a aridez de um texto excessivamente teórico. Em Retórica, essas pequenas histórias, muitas delas absolutamente banais, são utilizadas como *argumentação pelo exemplo*. Em outra das melhores redações da Fuvest de 2013, o candidato trabalha com esse tipo de argumento. Vejamos o trecho em que isso ocorre:

A crescente valorização do consumo é preocupante se uma economia de mercado transformar-se em uma sociedade de mercado, como define Michael Sandel. Nesse tipo de sociedade tudo pode ser comprado e tem um preço. São exemplos dessa possível transformação a venda da virgindade pela jovem brasileira em 2012 e a compra de votos no chamado Mensalão. Nesses casos, a virgindade e o dever cívico do voto, a princípio (sic) sem preço, foram vendidos como simples mercadorias. Desvirtua-se, (sic) portanto, os valores da sociedade. [14]

As histórias utilizadas como exemplo são a da garota brasileira que pôs à venda sua virgindade pela internet, em 2012, e a do esquema criminoso de compra de votos da base aliada pelo Partido dos Trabalhadores, que ficou conhecido como Mensalão.

O uso de imagens seja por comparações, metáforas ou pequenas histórias funciona como recursos de presença (cf. Abreu, 2013: 67), pois diante da evocação de uma imagem, da narração de uma história, vamos continuamente simulando em nossas mentes imagens e movimentos. Como diz Berger (2012: 57): "Parece ser completamente natural para pessoas entender linguagem criando simulações corporais sobre coisas que leem ou ouvem."[15]

166 Ensino de Português e Linguística

Se alguém escreve que um pássaro estava voando no alto do céu, nós nos imaginamos levantando a cabeça para vê-lo, numa perspectiva de baixo para cima, com as asas abertas. Mas, se escreve que ele estava no ninho, alimentando os filhotes, nós o imaginamos com as asas fechadas, destacando em "close" a sua cabeça e o bico.

Voltando ao tema da Fuvest 2015 e à ideia de que as categorias variam de acordo com a história e a cultura, poderíamos relatar, contando uma pequena história, um fato curioso ilustrando a camarotização: o de que, no famoso Teatro Colón de Buenos Aires, até a década de 50 do século passado, havia uma área reservada ao lado da sala de espetáculos, uma espécie de puxadinho à direita da plateia, vedado por grossas treliças, destinado às mulheres viúvas que cumpriam ainda o longo período de luto exigido pela sociedade argentina. Ninguém do teatro podia vê-las e identificá-las. É claro que elas também quase nada podiam ver do espetáculo, mas, pelo menos, podiam ouvir a música. Esse mesmo local de camarotização evoluiu, em anos subsequentes, para proteger amantes de homens endinheirados que, embora apreciassem teatro, precisavam do anonimato. É claro que uma informação como essa depende da cultura dos candidatos e é por esse motivo que se aconselha a eles a leitura de outros livros e publicações que lhes permita aumentar a cultura geral. O testemunho dos candidatos que passam em primeiro lugar nos vestibulares é categórico a esse respeito. Todos eles confessam que sempre tiveram o hábito da leitura como lazer.

Ter o hábito da leitura é importante não apenas para escrever melhor, mas também para enriquecer o espírito e situar-se com vantagem diante da vida, da cultura e da história. Trata-se de um programa de longo prazo. É importante ler obras literárias dos principais países ocidentais, o que inclui autores como Shakespeare, E. M. Foster, Oscar Wilde, Goethe, Camus, Helen Harper Lee, Hemingway, Eça de Queirós, Machado de Assis e tantos outros. Além das obras literárias, é importante também conhecer história e cultura. Atualmente, há excelentes livros de fácil leitura, como os publicados por Laurentino Gomes sobre História do Brasil e também obras importantes sobre cultura, ciência e filosofia, boas traduções plenamente acessíveis a quem se dispuser a lê-las.

Esperamos ter contribuído para que os professores de ensino médio e de cursinhos possam ajudar seus alunos a ter mais êxito em suas redações. Todos concordaremos que mesmo as 27 redações consideradas pela Fuvest as melhores ainda estão muito longe de ser caracterizadas como textos exemplares, pois seus autores, além de cometerem erros elementares de gramática, raramente conseguiram fugir do senso comum.

Mas, além de fazer uma boa redação escolar ou de vestibular, é importante pôr na cabeça que escrever bem é uma competência que nos vai ajudar a vida inteira. Em qualquer área de atuação profissional, saber expressar-se por escrito faz toda a diferença, seja fazendo relatórios, apresentações ou redigindo correspondência de qualquer natureza, como cartas, memorandos e e-mails. Em termos acadêmicos, é de ajuda inestimável para quem quer prosseguir nos estudos, cursando uma especialização, um mestrado ou um doutorado.

Notas

[1] No original: "The leap upwards to a new general category – a vertical slippage so to speak – can open up important perspectives, whether in the simples activities of everyday life or in the most exalted of scientific discoveries".

[2] Segundo a Associação Brasileira de Empresas e Pesquisas (Abep), são classificadas como pobres as pessoas com renda média de R$1.484,00.

[3] Cuscuta é uma planta parasita, de longos fios amarelos, também chamada de macarrão, fios-de-ovos ou erva-de-passarinho. Como é incapaz de fazer fotossíntese, envolve completamente as plantas hospedeiras, sugando sua seiva até a morte.

[4] Monteiro Lobato, 1979, p. 172.

[5] Antônio Suárez Abreu, 2012, pp. 61-2.

[6] Nelson Rodrigues, 1995, p. 20.

[7] Idem, p. 22.

[8] Idem.

[9] Disponível em: UOL Ciência. Acesso em: 10 fev. 2015.

[10] Disponível em: *O Estado de S. Paulo*, <http://noticias.uol.com.br/ciencia/ultimasnoticias/redacao/2015/02/10/clique-ciencia-o-universo-tem-atalhos-para-se-viajar-no-tempo-e-noespaco.htm >. Acesso em: 17 fev. 2015.

[11] Disponível em: *O Estado de S. Paulo*, <http://esportes.estadao.com.br/blogs/o-jogo-de-zanin/a-razaoprofunda-dos-7-a-1/ >. Acesso em: 17 fev. 2015.

[12] Disponível em: *Veja Educação*, <http://veja.abril.com.br/noticia/educacao/fuvest-divulga-27-melhores-redacoes-do-vestibular-2013>. Acesso em: 17 fev. 2015.

[13] Disponível em: *Veja Educação*, <http://veja.abril.com.br/noticia/educacao/fuvest-divulga-27-melhores-redacoes-do-vestibular-2013>. Acesso em: 17 fev. 2015.

[14] Disponível em: *Veja Educação*, <http://veja.abril.com.br/noticia/educacao/fuvest-divulga-27-melhores-redacoes-do-vestibular-2013>. Acesso em: 17 fev. 2015.

[15] No original: "It appears to be quite natural for people to understanding language to produce embodied simulation of things that they read or hear about."

Referências

ABREU, A. S. *A arte de argumentar gerenciando razão e emoção*. 13. ed. Cotia: Ateliê, 2013.

_____. *O design da escrita*: redigindo com criatividade e beleza, inclusive ficção. Cotia: Ateliê, 2012.

BERGEN, B. K. *Louder than Words*: The New Science of How the Mind Makes Meaning. New York: Basic Books, 2012.

HOFSTADTER, D.; SANDER, E. *Surfaces and Essences*: Analogy as the Fuel and Fire of Thinking. New York: Basic Books, 2013.

LOBATO, J. B. R. M. *O presidente negro*. 13 ed. São Paulo: Brasiliense, 1979.

RODRIGUES, N. *A cabra vadia*. São Paulo: Companhia das Letras, 1995.

O Estado de São Paulo
UOL Ciência
Veja Educação

ANEXO

Plano de aula

Objetivos:
- conseguir que os alunos entendam a natureza da categorização, o conceito de categoria e saibam operar com ele;
- conseguir que os alunos entendam o conceito de estilo e o uso de imagens como ajuda no desenvolvimento de suas ideias;
- conseguir que os alunos sejam capazes estabelecer relações entre informações obtidas por meio de leituras de diferentes fontes e propostas de redação que lhe sejam apresentadas.

Conteúdos específicos:
- categorização como uma capacidade cognitiva humana;
- categorização em nível horizontal e em nível vertical;
- categorização a partir de pontos de vista específicos;
- exploração e uso de imagens;
- ampliação do conhecimento de mundo por meio de leituras transversais.

Ano/Série escolar: 3° ano do ensino médio ou cursinho pré-vestibular

Número de aulas previstas: 2

Desenvolvimento:

Primeira aula
1° momento: discussão, com a classe, sobre o tema categorias, categorização horizontal e vertical.

2° momento: exercícios de categorização com a classe. A classe escolhe um tema e o trabalha em termos de categorização. Exemplo: a categoria honestidade, por exemplo, pode ser trabalhada em: honestidade pessoal, nas relações com a família, com os vizinhos, nas relações comerciais, nas relações do governo com a coisa pública etc...

Segunda aula
1° momento: exposição e discussão com os alunos sobre esquemas de imagem (cf. capítulo "Metáforas, metonímias e parábolas na construção do sentido e na produção textual") e sobre as imagens que podem ser construídas com elas: correr, vencer obstáculos, ponto de chegada etc.

2° momento: reescrever textos convertendo ideias abstratas em imagens. Exemplos: substituir "raciocínios falhos" por "raciocínios esburacados". Substituir "convencer pessoas a se sacrificar por algo" por "explicar a canja à galinha".

Momento final:

Avaliação: produção de texto, com base em temas costumeiramente propostos em exames vestibulares. Reescrita criativa, a partir de categorizações e subcategorizações e também com o uso de imagens.

Textos/Material utilizado:

Em ambas as aulas, o professor deverá utilizar propostas recentes dos vestibulares da Fuvest, Unesp e outras universidades, analisando-as a partir do ponto de vista teórico do uso das categorias e das imagens.

Sugestão de leitura para o professor:

Abreu, Antônio Suárez. *O design da escrita*: escrevendo com criatividade e beleza, inclusive ficção. Cotia: Ateliê, 2012.

Considerações finais

Ao logo deste livro, foram problematizadas diversas questões relacionadas ao ensino de Língua Portuguesa nos níveis fundamental e médio. A partir de diferentes linhas teóricas, cada capítulo trouxe reflexões sobre a estrutura e o funcionamento da língua em suas diferentes dimensões: fonética, fonológica, morfológica, sintática, semântica, pragmática, discursiva, de leitura e produção textual, todas elas presentes na interação entre os falantes.

Com o intuito de demonstrar, de forma concreta, a aplicação dos conceitos trabalhados, o plano de aula ao final dos capítulos apresenta-se como uma sugestão ao professor, que poderá adaptá-lo de acordo com o contexto em que atua. É importante ressaltar, contudo, que o objetivo principal do ensino de língua deve ser o desenvolvimento das habilidades comunicativas dos alunos, a fim de que leiam e produzam textos adequadamente – o que está relacionado, sem dúvidas, ao conhecimento da língua em todas as suas dimensões.

Esperamos, nesse sentido, que esta obra contribua para a formação do professor e para sua atuação em sala de aula, com uma abordagem mais significativa da língua; esperamos, ainda, ter contribuído para reforçar a ponte entre teoria e prática, fundamental para o avanço em pesquisas e no ensino do português.

Os autores

Aline Pereira de Souza é professora de Língua Portuguesa na cidade de São Carlos/SP, para os níveis fundamental II, médio e preparatório para vestibular. Doutoranda do Programa de Pós-graduação em Linguística e Língua Portuguesa da Universidade Estadual Paulista – Unesp (Araraquara), desenvolve pesquisa na área de Linguística Cognitiva sobre Projeções, em especial a metáfora, e seus papéis na compreensão e produção dos mais variados gêneros textuais. Mestra em Linguística e Língua Portuguesa pela mesma instituição, é formada em Letras (Português/Inglês) também pela Unesp/Araraquara.

Ana Carolina Sperança-Criscuolo possui graduação em Letras pela Universidade Federal de São Carlos (UFSCar), mestrado e doutorado em Linguística e Língua Portuguesa pela Universidade Estadual Paulista (Unesp/Araraquara), onde realiza estágio de pós-doutorado com apoio da Fundação de Amparo à Pesquisa do Estado de São Paulo (Fapesp). Tem experiência docente nos níveis de ensino fundamental, médio e superior e é professora colaboradora do Programa de Mestrado Profissional (PROFLetras – Unesp). Sua pesquisa concentra-se na descrição funcionalista-cognitivista do período composto, discutindo questões acerca do ensino de sintaxe a partir da proposta de sequência didática.

Antônio Suárez Abreu possui graduação em Letras Neolatinas pela PUC de Campinas, especialização em Língua e Literatura Portuguesas pela Universidade Clássica de Lisboa, mestrado, doutorado e livre-docência em Linguística pela USP e pós-doutorado em Linguística pela Unicamp. É, atualmente, professor colaborador do Programa de Pós-Graduação em Linguística e Língua Portuguesa da Unesp (Araraquara). É autor de vários livros na área de Linguística.

Daniel Soares da Costa é doutor em Linguística e Língua Portuguesa e professor do Departamento de Linguística da Faculdade de Ciências e Letras da Unesp (Araraquara). Desenvolve pesquisas nas áreas de Fonologia e Morfologia, com ênfase na interface entre essas duas áreas, a Morfofonologia. Também possui formação em Música, com especialidade em Violão Erudito, tendo desenvolvido em seu doutorado uma metodologia que une Música e Linguística no estudo da prosódia de línguas. Ministra aulas e orienta trabalhos tanto no nível de graduação quanto de pós-graduação, em cursos de mestrado acadêmico, mestrado profissional e doutorado.

Denise Gabriel Witzel é licenciada em Letras (Português/Francês) pela Universidade Estadual Paulista (Unesp/Assis). Mestre em Linguística Aplicada pela Universidade Estadual de Maringá e doutora em Linguística e Língua Portuguesa pela Universidade Estadual Paulista (FCL/Unesp-Araraquara), com estágio doutoral na Universidade Louis Lumière de Lyon II, França. É professora adjunta do Departamento de Letras e do Programa de Pós-Graduação em Letras – Mestrado – da Universidade Estadual do Centro-Oeste (Unicentro-Guarapuava/PR). Coordena o Laboratório de Estudos do Discurso da Unicentro (Leduni) e é autora de inúmeros artigos e capítulos de livros na área da Análise do Discurso, notadamente sobre o ensino da língua portuguesa, identidade e mídia.

Gladis Massini-Cagliari é professora titular do Departamento de Linguística da Faculdade de Ciências e Letras da Unesp (FCL/Araraquara). É bacharel e licenciada em Letras pelo Instituto de Estudos da Linguagem, Unicamp, onde cursou também o mestrado e o doutorado em Linguística. Fez pós-doutorado na University of Oxford, Inglaterra. É coordenadora do grupo de pesquisa "Fonologia do Português: Arcaico & Brasileiro", autora de seis livros e organizadora de outros sete. Publicou diversos artigos em periódicos, capítulos de livros e textos completos em anais, no Brasil e no exterior, nas áreas de Linguística Histórica, Fonologia, Alfabetização. Sua pesquisa está concentrada principalmente na busca de pistas nos registros das cantigas medievais profanas e religiosas que permitam vislumbrar a história do ritmo e da prosódia do português, de suas origens até os dias de hoje.

Juliana Bertucci Barbosa possui graduação em Letras, mestrado e doutorado em Linguística e Língua Portuguesa pela Universidade Estadual Paulista, Unesp (Araraquara). Realizou, em Portugal, na Universidade de Lisboa, estágio de doutorado PDEE (doutorado sanduíche), financiado pela Capes. Tem experiência na área de Sociolinguística e ensino de língua. Também atua na constituição de banco de dados (montagem de *corpora*) e pesquisas variacionistas no português mineiro da região de Uberaba. É professora do Departamento de Linguística e Língua Portuguesa da Universidade Federal do Triângulo Mineiro (UFTM – *campus* de Uberaba) e líder do grupo de pesquisa Gevar (Grupo de Estudos Variacionistas).

Maria do Rosário Gregolin é livre-docente em Análise do Discurso pela Unesp (Araraquara). Docente do Departamento de Linguística, atua na graduação e no Programa de Pós-Graduação em Linguística e Língua Portuguesa da Unesp (Araraquara). É líder do Grupo de Estudos de Análise do Discurso de Araraquara (CNPq/Unesp) e autora de vários artigos, autora e coorganizadora de vários livros. Tem experiência na área de Linguística com ênfase em Análise do Discurso, atuando principalmente com os seguintes temas: discurso, sujeito, história, memória, mídia e produção de identidades.

Marina Célia Mendonça é doutora em Linguística pela Unicamp (Campinas-SP), na área da Análise do Discurso e mestre em Linguística também pela Unicamp. É docente e pesquisadora do Departamento de Linguística da Unesp (FCL/Araraquara), onde atua na graduação e pós-graduação na área da Análise do Discurso, com ênfase nos estudos bakhtinianos. Sua pesquisa coloca em foco as relações discursivas entre as esferas científica, didático-pedagógica, jornalística e artística. Os temas de interesse são as práticas de escrita e de leitura e os discursos que as tomam por objeto.